上海外国语大学重大科研项目成果

计算机网络与外语课程的整合
——一项基于大学英语教学改革的研究

The Integration of Computer and Networks into Foreign Language Curriculum
——A Research Based on College English Reform

陈坚林　著

上海外语教育出版社
外教社 SHANGHAI FOREIGN LANGUAGE EDUCATION PRESS

图书在版编目（CIP）数据

计算机网络与外语课程的整合——一项基于大学英语教学改革的研究 / 陈坚林著. —上海：上海外语教育出版社，2010（2011重印）
ISBN 978-7-5446-1796-3

Ⅰ.计… Ⅱ.陈… Ⅲ.计算机网络－应用－英语－教学改革－研究－高等学校 Ⅳ.H319.1-39

中国版本图书馆CIP数据核字（2010）第069950号

出版发行：**上海外语教育出版社**
（上海外国语大学内） 邮编：200083
电　　话：021-65425300（总机）
电子邮箱：bookinfo@sflep.com.cn
网　　址：http://www.sflep.com.cn　http://www.sflep.com
责任编辑：李　欣

印　　刷：上海叶大印务发展有限公司
开　　本：890×1240　1/32　印张 8　字数 200 千字
版　　次：2010 年 6 月第 1 版　2011 年 12 月第 2 次印刷
印　　数：1 100 册

书　　号：ISBN 978-7-5446-1796-3 / T・0025
定　　价：28.00 元

本版图书如有印装质量问题，可向本社调换

前　言

　　中国人学外语有着很悠久的历史,最早的有佛教真经翻译,此后有洋务运动、京师同文馆,到了20世纪70年代末中国开始了改革开放,更是掀起了学习外语的热潮,几乎从幼儿到老人(为数虽少)各种人群都在不同场合学习着外语。确实,在我国的外语教学史上出现过不少精通外语的大师级人物。但也无可否认,中国人学习外语的手段是比较传统单一的,无非就是课文背诵、即兴记忆之类的方法,在课堂上还是教师讲、学生听的传统教学方法占据着主导地位。于是,就出现了"费时低效"的现象。

　　从20世纪90年代起,以计算机网络为核心的现代信息技术突飞猛进地发展了起来,并迅速地进入了社会各领域。应该说,任何技术一旦被引入某个实践领域,便会引起该领域的极大改观,甚至是革命性的变化。计算机网络技术进入外语教学领域,当然会改变传统外语教学的信息传递通道、教学内容与活动的整合形式乃至教学过程,也使教学结构形式及其构成要素发生巨大的变化,促进教学理念的更迭,导致教学的价值判断及评价标准的变化。鉴于这些变化,我们势必要研究如何使计算机网络与外语课程很好地整合起来,探索整合的有效手段、方法和模式。尤其是在当前大学英语教学改革的形势下,这些研究显得异常重要和紧迫。为此,上海外国语大学在"十一五"学校发展战略中把

"计算机网络与外语课程整合研究"列为十项重大科研项目之一,以对接国家教学改革的战略方针。项目重点是要攻克信息技术与外语课程整合后所面临的难题与困惑,运用外语教学的适用理论对计算机网络与外语课程整合的各个方面进行全面的阐述和论证。

为此,课题组进行了充分的准备与论证,重点针对计算机网络与外语课程整合所涉及的七个方面,展开了较为全面的实证研究。本专著是这一重大课题的主要研究成果,涵盖了本研究的各个方面,其主要观点是:

1.计算机网络与外语课程整合后,课程的构成范式发生了变化。课程是教学的基本规划和蓝图,体现一定的教育思想和教学理论。计算机进入课程后,外语课程的构成范式也就从传统的"2+1"模式(理论、方法+课程或教材)转变为"3+1"模式(理论、方法、技术+课程或教材),即教学理论、教学方法、信息技术(教育技术)体现于课程或教材之中。课程构成范式的改变是计算机网络环境下外语课程定位的首要特征之一。

2.计算机网络与外语课程整合后,计算机开始从辅助的地位走向了教学的前台,也就是说计算机在课程中的地位得到了根本性的改变,已成为课程的一个有机组成部分,成为整个教学中的一个要素。

3.计算机网络与外语课程整合后,教学环境发生了巨大的变化,相应地教师的角色作用也会随之改变。根据对比研究,教师的角色必须在计算机网络教学环境下进行解构和重建。也就是说,教师应在课前、课中、课后以不同的角色在教学中发挥着不同的作用。为此,教师的课前角色应该是课程的设计者和开发者;教师的课堂角色应该是讲授者、组织者、培训者、评价者;教师的

4.计算机网络与外语课程整合后,教材的结构发生了变化,都变成了立体式、多媒体化的教材。但从目前的现状来看,教材的立体式都体现在教材构成的物理概念上,尤其是网络教学内容成了纸质教材的翻版,而教材的有效构成应该是网络内容是纸质课本的延伸而不是翻版。有鉴于此,专著提出了大学英语第五代教材的研发构想。

5.计算机网络与外语课程整合后,教学要素发生了变化,不少传统要素(如教材、内容、方法等)被新的要素(如多种媒体、网络内容、技术方法等)所替代。要素的变化自然地打破了传统外语教学系统环境的平衡。失衡的教学环境又导致了许多失调现象的发生。外语教学原有的生态平衡被打破了,教学系统不能自然、和谐、高效地运转。可见,要使计算机网络与我们的外语课程自然地整合起来,使教学系统保持动态和谐,就应以生态学视角来重新审视我们的外语教学。外语教学生态系统的运转必须注重这样两条原则:一是能稳定教学结构,兼容教学要素;二是能制约教学运转,促进个体发展。从生态学角度来看,兼容、动态、良性是和谐教学生态系统的本质。子系统的变化和发展要有利于大系统的整体变化和发展,达到相互作用、相互促进的良性循环。

本专著由绪论和七个章节组成:第一章主要讨论计算机网络环境下外语课程的开发和定位问题。该章节首先从课程的概念和本质着手,分析性地回顾了我国大、中、小学外语课程的发展轨迹以及计算机应用于课程的情况,并在此基础上提出了在计算机网络环境下的外语课程定位的要点与原则。第二章主要讨论计算机与外语教学的关系。首先,我们对技术与教学的关系及发展轨迹进行了回顾与阐述,认为计算机技术近年来的发展突飞猛进,把计算机推向了教学的前台。因此,我们要用动态、发展的眼光来审视计算机与外语教学的关系,审视计算机网络与外语课程整合后的教学特征和框架。第三章主要对计算机网络环境下的外语教学模式进行研究和探讨。教学模式一般都有其本质特性和理论内涵,而"基于计算机和课堂的英语教学模式"除一般模式特性外还具有计算机应用与融合的特征。要做到模式的有效应用,就必须综合考虑教学的各种因素,如教学目标、学习过程、学生情况以及教学条件。第四章着重阐述了多媒体网络环境下外语教学中教师的作用。该章节首先对教师的作用作了定义性阐述。要适应多媒体网络环境下外语教学的要求,教师必须改变其在传统教学中的作用。第五章为计算机网络环境下师资队伍建设研究。为进行有效的探讨,我们首先对教师的外语教学信念系统以及对"基于计算机和课堂的英语教学模式"的认知情况进行了抽样调查,认为在计算机网络环境下的外语教学要求教师有较高的品格素质和信息素养。第六章主要探讨计算机网络环境下外语教材的研发问题,指出目前所谓"立体式"教材的开发和利用有可取、积极的一面,但也存在不少弊端,提出了教材的开发和编写应以课程要求为原则,把信息技术充分全面地融入教材,使其真正体现"立体式"教材的实际内涵。在全面探讨和分析的基础上,我们提出了第五代大学英语教材的研发构想。第七章是本专著的结论性章节,也是本专著理论探讨的重点。在前六章研究的基础上,我们提出了生态化外语课程创设的观点。首先,该章节着重分析了当前大学英语教学改革中出现的问题,尤其是计算机与课程整合后,我们的外语教学系统出现了许多失调因素。其次,针对这些失调因素,我们提出应该以生态学理论的视角重新审视我们的外语教学,并指出外语教学的生态环境的创设应从四个方面予以界定,即"稳定教学结构、兼容教学要素;制约教学运转、促进个体发展",并以此为生态化教学系统的创设原则,灵活地促进教学系统各要素的相互作用、相互依存和相互转换,以达到计算机网络环境下的外语教学灵活、动态、良性的运作和发展。

本专著是由绪论和七个章节所构成的一个有机整体,各章节既可以独立成篇,又与其他章节构成逻辑上的内在联系,从整体上对计算机网络与外语课程整合进行了较为全面而透彻的研究与探讨。本课题涉及当前的大学英语教学改革,因此有来自国内25所高校的32位教师参加了本课题的研究。通过本课题的研究工作,有的教师完成了硕士论文,有的在CSSCI学术刊物上发表了高质量的学术文章,也有的为本校的英语教学改革方案作了有效的论证。这些教师都在不同的程度上为本课题的研究作出了贡献,在此深表谢意。同时,在整个研究过程中,课题组还得到了莫锦国教授、何高大教授、杨永林教授、庄恩平教授等的大力支持和帮助,在此表示深深的感谢!

本课题属探索性研究,因此有些观点的表达恐有不妥之处,恳请各位专家及同行不吝指教。

陈坚林
2010年春于上海

目 录

绪 论

第一节　何谓整合 ……………………………………………… 2
第二节　整合的意义 …………………………………………… 3
　一、改变学习观念 …………………………………………… 3
　二、预示未来教育的发展 …………………………………… 5
第三节　整合的目标 …………………………………………… 7
第四节　研究范围、方法与结构 ……………………………… 12
第五节　小结 …………………………………………………… 15

第一章　计算机网络环境下的外语课程定位

第一节　课程的概念与本质 …………………………………… 17
第二节　外语课程与信息技术 ………………………………… 20
　一、中小学外语课程与信息技术 …………………………… 21
　二、大学英语课程与信息技术 ……………………………… 24
第三节　大学英语教学改革 …………………………………… 25
　一、改革的背景 ……………………………………………… 26

二、教学新模式与实施要求 …………………………………… 34
第四节　外语课程的变化与定位 ………………………………… 36
　　一、课程变化 …………………………………………………… 37
　　二、课程定位 …………………………………………………… 38
第五节　小结 ……………………………………………………… 40

第二章　计算机与外语教学

第一节　计算机技术与外语教学 ………………………………… 43
　　一、技术与教学的关系 ………………………………………… 44
　　二、计算机技术的发展 ………………………………………… 47
第二节　计算机与外语教学现状 ………………………………… 49
　　一、课堂观察实例 ……………………………………………… 49
　　二、学生调查分析 ……………………………………………… 52
第三节　计算机应用于外语教学的新观念 ……………………… 63
　　一、计算机主导教学 …………………………………………… 63
　　二、计算机使用正常化 ………………………………………… 66
　　三、硬件、软件、人件 ………………………………………… 69
第四节　计算机网络与外语课程的整合 ………………………… 72
　　一、打破了"课堂+课本"的局限 ……………………………… 72
　　二、创设理想的教与学的环境和方式 ………………………… 74
　　三、教学结构发生根本变化 …………………………………… 77
第五节　小结 ……………………………………………………… 80

第三章　计算机网络环境下的外语教学模式

第一节　教学模式的本质特性与理论内涵 ……………………… 83

第二节　新模式的实施情况调查 …………………………… 86
　　一、东南大学的教学模式 ……………………………… 87
　　二、上海大学的教学模式 ……………………………… 90
　　三、模式实施的总结 …………………………………… 92
第三节　教师中心与学生中心 ………………………………… 94
　　一、教师中心论与学生中心论 ………………………… 94
　　二、教师中心模式与学生中心模式 …………………… 96
第四节　信息化外语教学模式 ………………………………… 100
　　一、基于问题的教学模式 ……………………………… 101
　　二、网络探究教学模式 ………………………………… 105
　　三、小组协作教学模式 ………………………………… 110
第五节　教学模式的灵活运用 ………………………………… 115
第六节　小结 …………………………………………………… 118

第四章　计算机网络环境下的外语教师角色

第一节　关于教师的作用 ……………………………………… 121
第二节　教师角色的调查 ……………………………………… 124
　　一、调查目的、对象与方法 …………………………… 124
　　二、调查结果与分析 …………………………………… 125
　　三、分析与讨论 ………………………………………… 133
第三节　教师的角色构建 ……………………………………… 134
第四节　教师角色作用定位 …………………………………… 137
　　一、教师的课前角色 …………………………………… 138
　　二、教师的课堂角色 …………………………………… 138
　　三、教师的课后角色 …………………………………… 140
第五节　小结 …………………………………………………… 141

第五章　计算机网络环境下的外语师资队伍建设

第一节　教师现状 ……………………………………… 143
第二节　教师调查 ……………………………………… 146
　一、教师的信念情况 …………………………………… 146
　二、实际课堂教学情况 ………………………………… 150
　三、对"基于计算机和课堂的英语教学模式"的认知情况 … 151
　四、对"基于计算机和课堂的英语教学模式"的需求适应情况
　　　………………………………………………………… 154
第三节　教师素质 ……………………………………… 157
　一、个体素质要求 ……………………………………… 158
　二、信息素养 …………………………………………… 159
　三、"信息—教学"素养 ………………………………… 161
　四、体验与培养 ………………………………………… 162
第四节　教师培训 ……………………………………… 164
　一、促进信念体系的完善 ……………………………… 164
　二、促进教学观念的转变 ……………………………… 165
　三、促进信息能力的提高 ……………………………… 166
第五节　小结 …………………………………………… 169

第六章　立体式大学英语教材的开发和利用

第一节　关于大学英语教学改革 ……………………… 172
第二节　关于大学英语教材的发展 …………………… 174
第三节　关于第四代大学英语教材 …………………… 176
　一、教材与目标 ………………………………………… 176

二、教材与使用 …………………………………… 178
　　三、教材与技能 …………………………………… 182
　　四、教材与技术 …………………………………… 183
　第四节　第五代大学英语教材的研发构想 ………… 185
　第五节　小结 ………………………………………… 189

第七章　外语课程生态化探究

第一节　教学变化与失调 ……………………………… 191
　　一、变化 …………………………………………… 192
　　二、失调 …………………………………………… 193
第二节　对传统理论的挑战 …………………………… 197
　　一、行为主义理论 ………………………………… 198
　　二、认知主义理论 ………………………………… 200
　　三、建构主义理论 ………………………………… 206
第三节　生态学视角审视外语教学 …………………… 209
第四节　外语教学中的生态系统与生态位 …………… 211
　　一、教学生态系统 ………………………………… 212
　　二、教学生态位与生态平衡 ……………………… 214
第五节　走向外语教学的动态平衡 …………………… 216
　　一、教学生态环境 ………………………………… 217
　　二、课程环境系统 ………………………………… 220
　　三、灵活、兼容与和谐 …………………………… 222
第六节　小结 …………………………………………… 228

结束语 ………………………………………………… 231

参考文献 ……………………………………………… 235

绪 论

20世纪末,科学技术的迅猛发展推动了人类社会全面地进入了信息化时代,而以计算机与网络为核心的现代信息技术也已开始改变着21世纪人类生活的基本环境。计算机与网络正以前所未有的速度进入人们的现代生活,在根本上改变着人们的生活和工作方式,并由此产生了诸如网络学习(e-learning)、电子商务(e-commerce)、电子行政(e-administration)等新名词。这些新名词的产生也显示了计算机网络正在快速地与人类社会的各个领域进行着全面的整合。正是由于这种整合及其快速的发展,促使我们站在信息化社会的高度,用全新的观点和视野来重新审视我们的教育,探索以计算机网络为核心的现代信息技术与外语课程整合的方法、手段和模式。

作为信息加工与信息传递的核心技术,计算机与网络极大地提高了人们收集信息、加工信息、传递信息、交流信息、储存信息的能力,为人们高速度、高效率地处理信息创造了技术平台。计算机网络与外语课程的整合(Integrating Computer and Networks into Foreign Language Curriculum)也就意味着在已有的课程活动中使用并融合信息加工与信息传递技术,以便高效率地完成课程目标,并以此来培养学生的创新精神,锻炼学生综合运用外语技能的能力。那么,何谓"整合"?"整合"的内涵又是什么?

第一节 何谓整合

所谓"整合",英文为 integration,相对于"分化"而言,其主要含义是综合、融合、集成、成为整体、一体化等。从系统论的角度看,"整合"是指一个系统内各要素的整体协调,相互渗透,使系统要素发挥最大效益。引申于外语教学,我们可以理解为外语教学系统中的各要素整体协调、相互渗透,以发挥教学系统的最大效益。从理论上讲,计算机网络与外语课程整合是对课程设置、教学目标、教学设计、教学评价等诸要素作系统的考虑与操作,也就是要用整体的、联系的、辩证的观点来认识、研究教学过程中各种要素之间的关系。课程整合,就是使处于分化状态中的教学系统中各要素及其各成分形成有机的联系,并成为整体的过程。因此,计算机网络与外语课程整合的内涵是指在外语教学过程中把信息技术、信息资源、信息方法和课程内容有机地结合起来,共同完成课程教学任务的一种新型、高效的外语教学方式。计算机网络与外语课程整合,不是被动地纳入,而是主动地适应和变革课程的过程,强调的是要服务于课程,应用于教学。它主要是针对外语教学中"信息技术与学科存在的割裂和对立问题,通过信息技术与课程的互动性双向整合,来促进师生合作的课程与教学组织方式的实现,及以人为本学习的新型课程与教学活动样式的发展,构建起整合型的信息化课程形态,从而达到培养学生创新精神与实践能力的目标。"(陆宏、孙月圣,2007:6)。计算机网络与外语课程整合是我国外语教学改革,尤其是大学英语教学改革的必由之路。众所周知,信息技术对当今教育的推动作用无可估量,学校为此投入了大量的资金进行信息化环境的建设,但计算机却始终游离于外语教学的系统之外,这是一个不争的事实。显然,为了使计算机的优势被真正地应用于教学,强调信息技术与外语课程的有机整合是非常有必要的(张筱兰,2004),因为这种整合具有十分重要的意义,它可以:1)改变人们的学习观念;2)预示未来教育的发展方向。

第二节 整合的意义

一、改变学习观念

计算机网络技术的日新月异及其与课程的整合正在深刻地影响和改变着各种学科的生态,预示了学科发展的未来(Beane, 1997)。可以说,今后学生学习的主要途径不再只是依靠书本或教师的讲授,面对浩瀚的知识海洋和不断更新的网络信息,原先固定教师、固定班级、固定内容、固定进程、固定标准的单向的接受式学习方式将被打破。取而代之的是一种全新的学习过程,在这样的学习过程中,学生以计算机和网络以及其他多媒体设备为中介,在自主选择、合理接受、科学加工、适时反馈的信息传输中轻松自如地完成个性化的、发现式的学习。这种发现式的学习方式将改变以课堂为中心、教师为中心和课本为中心的接受式学习格局,更多地是以自主学习、合作学习和探究学习为主的发现式学习格局而出现。显然,这种学习格局的变化与信息技术的发展有着直接的关系。

专家学者们一致认为(Zacharia et al., 2006; Levy et al., 2006;丁新,2008),信息技术是物化形态技术与智能形态技术的协同利用，具有智能化、数字化、网络化、个人化、多媒化的特征。随着信息技术的广泛应用，知识密集型、信息技术产品出现了更新换代周期加快的现象。同时，新兴科学大量涌现，知识总量急剧膨胀，知识更新的过程也空前加快，出现了"知识爆炸"现象。据联合国教科文组织的统计（引自余胜泉、吴娟，2005），人类近30年来所积累的科学知识占有史以来积累的科学知识总量的90%，而在此前的几千年中积累的科学知识只占10%。英国技术预测专家马丁的测算结果也表明了同样的趋势：人类的知识在19世纪是每50年翻一番，20世纪初是每10年翻一番，20世纪70年代是每5年翻一番，而近10年大约每3年翻一番。据预测，到2050年左右，人类现在所掌握的知识，届时将仅为知识总量的1%，这就是说，走向信息化后的人类社会，将创造出99%以上的新知识。可见，信息和知识犹如产品一样频繁更新换代。这种知识的极度膨胀和快速更新，不可避免地使我们的课程陷于尴尬的境地。一方面大量的新知识内容需要加入到课程中去，另一方面我们的课程内容过多过难，学生负担不断加重。众所周知，课程展开的时间是有限的，在这种情况下，我们不可能无限延长学习者的学习时间，但近代科学技术的飞速发展，知识信息的急剧增加，又使我们不得不面对现实的挑战。那么，如何才能找到应对的方法呢？最根本的出路在于变革，改变学习过程是一种单纯继承性的传统观点。课程应该在传授一些基础性知识的同时，注重创新和适应能力的培养。对受教育者来说，最重要的是学会学习，具备进行终身学习的能力，也就是具备自我更新知识结构的能力。对于知识的学习，强调的是让学生掌握认知的手段、方法，即学会自己去发现知识，自己去获取和更新知识，而不仅仅是局限于学习知识本身。由于信息时代知识急剧增长，若是像传统教育那样，只强调知识本身的学习和掌握，那么，学到的知识大部分会很快过时，无法适应现代社会发展的需要。只有让学生学会认知，即学会学习的方法,他们在进入社会以后才能够自我更新知识结构,通过自学继续学到工作所需要的各种新知识、新技能。一般说来(Young,1998),传统性学习通常是维持性学习和接受性学习,而信息化学习却是创新性学习和建构性学习。维持性学习是一种继承性学习,而创新性学习要处理好"学会"和"会学"的关系;接受性学习是一种以教师为中心的学习,学生是知识的被灌输者,而建构性学习是以学生为中心的学习,强调学习者是知识的主动建构者。信息化时代的学习是要从传统的维持性学习向创新性学习转变,从接受性学习方式走向建构性学习方式。要达到这一目标,计算机网络技术必须与课程进行全面地整合,因为它预示着未来教育的发展方向。

二、预示未来教育的发展

一旦人们的学习观念得到了改变,自然也会对未来的教育有了新的展望。实际上,世界各国在展望未来的教育时都主张把信息网络技术作为教育、教学改革的重要一环。例如:美国早在1996年就发表了《让美国学生为21世纪做好准备:迎接技术能力的挑战》的国家信息技术教育计划。这个计划展望了一个这样的未来:通过在中小学教学中有效地利用信息网络技术,为帮助下一代在校学生得到更好的教育做好准备,以适应新的全球经济发展的需要。之后,美国教育部在咨询了社会各界人士及专家后,对国家信息技术教育计划进行了修改,提出了五个目标:1)所有教师和学生都要使用信息网络技术;2)所有教师都应运用技术帮助学生达到较高的学业标准;3)所有的学生都要具备信息技术方面的知识与技能;4)通过研究与评估,促进下一代技术在教学中的应用;5)通过数字化的内容和网络的应用改革教学。欧盟(1997)发布了《信息社会中的学习:欧洲教育创新行动规划》,新加坡(1996)与马来西亚(2000)也相继推出了全国教育信息化计划。我国政府也相当重视教育信息化工作并推出了一系列推进教育信息化和改革的政策措施。2000年我国教育部召开了全国中小学信息技术教育工作会议,并做出决定:从2001年起用5至10年的时间,在全国中小学基本普及信息技术教育,以信息化带动教育的现代化,努力实现基础教育的跨越式发展。正是由于各国对此相当重视,对传统的教育体制及教学模式的改革正在世界范围内形成一种新的教育发展的趋势。

在我国,运用信息网络技术对传统教育体制和教学模式的改革首先始于我们的外语教学。如前所述,21世纪实际上是信息技术全面发展的世纪,尤其是计算机与网络技术的发展极大地拓展了教育的时空界限,空前地提高了人们学习的兴趣、效率和能动性。就信息化时代的外语教学而言,传统的教学形式将很难适应时代发展的需要,必须要有突破性的变革。这种教学的变革不仅仅是教学形式和学习方式的重大变化,更重要的是将对外语教学的理论、观念、模式、内容和方法产生深刻的影响,给外语教学赋予了更深刻的全新内涵。为此,我国政府颁布了一系列关于促进外语教育的方针和政策,其中最具影响力的有:2001年1月教育部颁布了《关于积极推进小学开设英语课程的指导意见》,将英语义务教育的起点从初中一年级降低至小学三年级;同年8月教育部又颁发了《关于加强高等学校本科教学工作、提高教学质量的若干意见》,明确指出:"本科教育要创造条件,使用英语等外语进行公共课和专业课教学,并力争三年内,外语教学课程达到所开课程的5%—10%。"2002年12月,教育部高教司又颁发了《关于启动大学英语教学改革部分项目的通知》,指出:"为进一步推动大学英语教学改革,不断提高大学英语教学质量,我司决定启动大学英语教学改革部分项目,主要包括制订《大学英语教学基本要求》和大学英语网络与多媒体教学体系建设。"根据这一文件要求,教育部先后十余次组织专家召开专门会议讨论制订并颁布了

《大学英语课程教学要求》（以下简称《课程要求》）。后来教育部又对《课程要求》进行了修改并颁布了2007新版《课程要求》。尽管新版《课程要求》得到了补充和修改，但是它的主要内容未变。《课程要求》作为一个改革的纲领性文件，提出了一个全新的教学模式，即"基于计算机和课堂的英语教学模式"，从而开始了全国规模的大学英语教学改革。由于大学英语教学改革强调的是现代信息技术与外语课程的有机整合，因此从某种意义上说，它不只是某种教学模式的改革，更重要的是预示着我国外语教学未来发展的方向，即全面地使用以计算机与网络为核心的现代信息技术，使其完全地整合于我们的外语课程之中，并以此更加明确了计算机网络与外语课程整合的目标。

第三节 整合的目标

关于以计算机网络为核心的现代信息技术与课程整合的目标有各种说法。张筱兰（2004：10—12）认为，信息技术与课程整合有两个目标价值取向，一是实现课程信息化，即将信息技术完全融入学科的教学之中，教师使用现代信息技术的自然程度犹如他们使用粉笔、黑板一样。只要信息技术能真正地应用于教学中，课程信息化就能实现；二是实现信息技术课程化，即将信息技术通过正规的课程形式加以体现，培养学生对信息技术的兴趣和意识，使学生能自如地应用各种方法进行信息处理，为适应信息化社会打下必要的基础。张筱兰的两个价值取向实际上就是要使信息技术与课程在互动中实现二者的一体化和整体化，构建信息文化背景中整合型的信息化课程新形态，真正实现教育情景中以人为本的信息技术与课程的整合。这是一种对信息技术与课程整合的较为宏观的观点，而何克抗（2005：23）的观点就显得相对微观,强调的是信息技术与教学环节的融合与整合。他认为,"信息技术与课程整合的本质与内涵是要求在先进的教育思想、理论,尤其是'主导-主体'教育理论的指导下,把计算机与网络为核心的信息技术作为促进学生自主学习的认知工具与情感激励工具、丰富的教学环境的创设工具,并将这些工具全面应用到各学科教学过程中,使各种教学资源,各个教学要素和教学环节,经过整合、组合、互相融合,在整体优化的基础上产生聚集效应,从而促进传统教学方式的根本改变,达到培养创新精神与实践能力的目标"。除了这些相对宏观和微观的观点外,余胜泉和吴娟(2005)对于信息技术与课程整合的观点相对较为全面些。他们认为,信息技术与课程整合的目标是"建设数字化教育环境,推进教育的信息化进程,促进学校教学方式的根本性变革,培养学生的创新精神和实践能力,实现信息技术环境下的素质教育和创新教育"(余胜泉、吴娟,2005:17)。同时,他们从培养学生的信息意识、信息知识、信息能力、信息理论、学习方式、终身学习的能力以及解决问题的能力等方面对信息技术与课程整合的目标作了全面的分析和阐述,指出信息技术与课程整合"对于教学过程的深化改革具有重大意义,它的关键就是要在先进的教育思想、教学理论与学习理论的指导下,运用计算机为核心的信息技术作为学生自主学习的认知工具与情感激励工具,改革传统的以教师为中心的教学结构,创建新型的既发挥教师主导作用又充分体现学生主体作用的'主导-主体'教学结构,在此前提下实现学科内容、手段、方法的整体改革,从而达到培养创新人才的目的"(余胜泉、吴娟,2005:20)。

综合上述观点,我们认为这些观点虽然表达相异,但是内在含义却非常相同,即改变传统观念、改进教与学的方法、提高教与学的效率、整合教学资源等四个方面。引申于信息技术与外语课程的整合,其目标也应该体现在这四个方面:

1. 改变传统观念。信息技术与外语课程整合的首要目标就是要改变传统的教与学的观念。我国传统的教学架构历来就是以教师为中心的课堂教学。在教学过程中,学生始终处于被动接受的状态,教师控制和主宰课堂教学。这种教学形式,虽有可取之处(如知识体系的传授相对较为系统等),但因其忽视了学生是学习主体,忽视了学习过程中学生内在心理的发展和变化,因此在培养学生主动获取知识的能力和创新能力等方面有所缺陷。信息技术和外语课程整合的目标之一,就是要充分发挥学生在学习过程中的主动性、积极性和创造性,使学生真正成为信息加工的主体和知识意义的主动建构者,而不是外部刺激的被动接受者和知识灌输的对象;教师则应成为课堂教学的组织者、指导者,学生建构意义的帮助者、促进者,而不是知识的灌输者和课堂的主宰者。为此,我们的教师、学生和教学管理人员必须要改变观念,具体地说就是要从以教师为中心的外语教学转变到以学生为中心的外语教学上来,从完全的课堂教学转变到计算机自主学习上来。传统的计算机辅助教学仅仅是对教学手段的改变,因计算机只是一种辅助的工具,基本上不改变教学内容或教学结构。信息技术与外语课程整合是要通过信息技术创建理想的学习环境和全新的学习方法,我们的教师就应改变观念,不能把计算机网络仅仅作为辅助教或辅助学的工具,而是强调要把信息技术作为促进学生自主学习的认知工具和情感激励工具,把其看做是课程的有机组成部分。

2. 改进教与学的方法。信息技术与外语课程整合的另一目标就是要改进教与学的方法。整合后的教学将打破教师是知识传授唯一渠道的局面,突破了课本是知识主要来源的限制。教师需利用信息技术所提供的自主探索、多重交互、协作学习、资源共享等学习环境,把学生带入计算机网络所构筑的无尽的探索空间,使学生学习的知识范围得到更大的拓展。因此,教师的教也就随之发生变化:1)课堂教学上,由原来的基于课本的教学转变成强调帮助学生寻找、收集并利用学习资源;2)教学组织上,由原来的以教师为中心的知识灌输转变成强调帮助学生进行深层次的思考、设计合适的学习活动并监控学习活动的实施;3)教学设计上,由原来的重视教学内容的设计和开发转变成重视对教学过程和模式的设计以及教学资源的开发和利用;4)教学模式上,由原来的以教师为中心的教授、辅导、模拟演示、组织固定步骤的操练转变成强调学生进行自主探索、多人合作和实践能力培养的各种研究性学习、探究性学习和协作性学习;5)教学评价上,由原来的强调学生学习结果的终结性评价转变成强调学生学习过程的形成性评价。由此可见,信息技术与外语课程整合后,学生的学习主要不是完全依赖教师的讲授与课本的学习,而是利用信息化平台和数字化资源,教师和学生间开展协商讨论和协作学习,并通过对资源的收集利用、探究知识、创造知识、展示知识的方式进行学习。因此通过信息技术与外语课程的整合,学生应掌握的学习方式为:1)学会利用网络资源进行学习;2)学会利用网络进行协商交流、协作讨论式的学习;3)学会在数字化情景中进行自主发现式学习;4)学会利用信息加工工具和创作平台,进行创新实践学习。

3. 提高教与学的效率。信息技术与外语课程整合后,教学效果将在以下几个方面得以改进:首先,教与学的效率的提高体现在计算机网络资源的共享上。众所周知,计算机网络具有覆盖面广、资源"海"量、更新及时等特点,运用它进行教学,许多教学资源可以经过优化和组织而得到共享,使原有的外语课程内容得到无限量的扩大,这就有可能提高教与学的效率。此外,外语教学的许多场景(如语言文化场景、社会交流场景、历史地理场景等)均可通过计算机网络等信息技术进行设计,成为外语教学的语境。这些在传统外语教学下无法创设的语言操练的拟真场景在整合课程的情况下,计算机网络都能够做到,学生可以随时随地利用丰富的教学资源进行自主学习,这就自然地提高了外语教与学的效率。其次,教与学效率的提高还体现在计算机的超强功能上。整合后的课程,计算机已成为外语教学中日常化、普通化、常规化的工具,渗透到每位教师、每节课、每个课堂之中,并逐渐成为一种常态化(normalized)的教学形式。至此,计算机不再是仅作为帮助教师"教"的演示工具,而是作为外语课程的一个有机组成部分。因此,计算机除了其演示工具的作用外,还可发挥其全面的超强功能,如学生学习的激励工具;师生之间、学生之间课内外的交流工具;运用个别辅导软件、自学型教学课件的个别辅导工具;运用数字化外语测试系统对学生的学习进行及时、即时的评测反馈工具;学生探究、发现学习的工具;学生解决问题、研究学习、表达学习成果的工具(运用相关工具软件)等。计算机超强功能的自然发挥将会有效地改进教学的方法和手段,学生有了积极的情感体验,广泛的知识范围以及深层次的认知体验,这些将会彻底改变外语教学中"费时多、收效小"的弊端,从而大大地促进教与学效率的提高。

4. 整合教学资源。信息技术与外语课程整合后,各种教学资源将得到有效的整合和利用。在外语教学中,何谓教学资源?按照美国教育技术与传播协会(AECT)的研究,教学资源被定义为"帮助个人有效学习和操作的所有东西"。但引申于外语教学,教学资源应该包括支持教与学的所有人力、物力以及信息等资源。一般认为(何克抗,2002:32),学习资源有三种类型:第一种按学习资源的来源,可分为设计资源和可利用资源。设计资源是指为教学目的而专门准备的资源,如教室、教科书、教学软件等;可利用资源是指可以用来为教学服务的资源,如百科全书、教学用具、软件工具、网络信息资源等。第二种按教学资源的表现形态,可划分为硬件资源和软件资源。硬件资源是指教学过程中所需的教学场所、设备设施以及其他物化设备;软件资源是指各种媒体化的学习材料和支持学习活动的工具性软件。第三种按教学资源所涉及的人与物,可划分为人力资源和非人力资源。人力资源是指师资队伍、学习同伴、学习小组以及通过网络可交流的专家学者和学习者;非人力资源是指学习媒体、教育信息和教学场所等。就目前我国的外语教学而言,我们各方面的资源都是相当匮乏的,尤其是大学英语教学的人力资源就更加捉襟见肘了。原因是:我国高等学校从 1999 年开始扩大招生数量,并以每年 8% 的速度扩大招收本科学生,预计到 2020 年在校学生数将达到 4000 万的规模(蔡基刚,2006:5)。大学扩招给原本紧张的外语师资带来日益严重的压力,正如吴启迪部长(2004)所指出的那样:"用传统的教授方法,需要多少师资才能满足教学需要,完成教学任务?如何来保证教学质量?这些都是我们必须面对和思考的问题。在校学生的数量不断增加是国家在一定历史时期社会、经济发展的要求,也是高等教育大众化发展的必然趋势,但我们的教师队伍不可能以同等的速度无限制增长。"这就需要改变传统的教学方法,利用现代信息技术整合现有的教学资源,满足外语教学的要求。

上述四个方面是计算机网络与外语课程整合的主要目标。这些目标也构成了本课题的研究重点:计算机网络环境下外语课程的定位、计算机与外语教学的关系、计算机网络环境下的外语教学模式、计算机网络环境下的外语教师角色、计算机网络环境下的外语师资队伍建设、立体式教材的开发和利用、计算机网络环境下生态化外语课程的创设等。

第四节 研究范围、方法与结构

本研究是在当前大学英语教学改革的形势下进行的,因此大学英语教学改革自然成了本研究的主要背景与重点。从研究方向的确定与课题的论证到研究问题的设计和变量的确定,课题组都充分考虑到此次大学英语教学改革所涉及的困惑与难题,希望通过科学研究提出一些具有实践参考价值的建议和观点,以促进大学英语教学改革的顺利发展。

为了进行充分有效的研究和探讨,课题组决定研究的范围主要限定于我国的高等院校。在具体的研究过程中,我们主要采用定性和定量相结合的方法进行整体研究设计,包括变量的确定、数据的收集及其整理和分析等。因我国高等院校众多(本科院校有1000多所,高职高专学校也有1000多所),本研究只能在一定范围内进行抽样调查,包括问卷调查、课堂观察、人员访谈等。课题组将在数据分析的基础上,运用外语教学的适用理论对计算机网络与外语课程整合的各个方面进行全面的阐述和论证,并在理论和实践两个方面提出本研究的论证成果对当前外语教学和外语教学改革究竟有哪些借鉴与启示。

本专著由七个章节组成:第一章主要讨论计算机网络环境下外语课程的开发和定位问题。该章节首先从课程的概念和本质着手,分析性地回顾了我国大中小学外语课程的发展轨迹以及计算机应用于课程的情况。从我国现有的课程情况来看,无论是中小学还是大学外语专业,都难以真正做到计算机网络与外语课程的有机整合。要改变现状,就要进行大规模的改革。为此,该章节对大学英语教学改革的背景、要求、方向等进行了专门的讨论和阐述,并在此基础上提出了在计算机网络环境下外语课程定位的要点与原则。第二章主要讨论计算机与外语教学的关系。首先,我们对技术与教学的关系及其发展轨迹进行了回顾与阐述,认为随着技术(尤其是计算机技术)近年来的发展突飞猛进,计算机已经走向了教学的前台。然后,通过抽样调查,我们重点分析了计算机网络在当前外语教学中的应用情况。在对现状分析的基础上,我们就计算机在外语教学中的作用和功能进行了讨论,指出我们要用动态、发展的眼光来审视计算机与外语教学的关系。为此,该章节介绍了关于计算机与外语教学关系的一些新观点(计算机主导教学与 CALL 使用正常化)。最后该章节重点阐述了计算机网络与外语课程整合后的教学特征和框架。第三章主要对计算机网络环境下外语教学模式进行探讨和研究。教学模式一般都有其本质特性和理论内涵,而"基于计算机和课堂的英语教学模式"除一般模式特性外还具有计算机应用与融合的特征。通过实地考察,我们发现在当前大学英语教学改革中,各学校在教学模式的实施上大同小异,但都与新模式有着不小的差距,这主要与教师的传统观念有关。因此,该章节对教师中心与学生中心两种教学论进行了分析性阐述,总结了它们各自的优势和局限,同时介绍了几种信息化外语教学模式。最后,该章节指出要做到模式的有效应用,就必须综合考虑教学的各种因素,如教学目标、学习过程、学生情况以及教学条件等。第四章着重阐述了多媒体网络环境下外语教学中教师的角色作用。该章节首先对教师的作用作了定义性阐述,然后对教师在课堂内外的作用进行了对比性实地调查与考察,认为教师的作用在传统教学环境下和多媒体网络环境下应有很大的不同,但是现实情况并非如此。因此,要适应多媒体网络环境下外语教学的要求,教师必须改变其传统教学中的作用。基于这些观点,该章节对网络环境下新型、动态的教师角色进行了全面的阐述。第五章为计算机网络环境下外语师资队伍建设研究。为进行有效的探讨,我们首先对教师的外语教学信念系统以及对"基于计算机和课堂的英语教学模式"的认知情况进行了抽样调查。调查分析表明教师具有较为先进的信念体系,但他们的信念体系却与他们实际的教学实践反差很大。该章节认为在计算机网络环境下的外语教学要求教师有较高的品格素质和信息素养。外语教学改革在很大程度上是要改变教师的观念,观念改变了也就意味着改革的成功。最后,该章节对如何进行教师培训提出建议。第六章主要探讨计算机网络环境下立体式外语教材的研制问题。该章节首先对教材编写的原则和要素进行了阐述性分析,并就大学英语教材的发展轨迹作了回顾和讨论,指出目前所谓"立体式"教材的开发和利用有可取、积极的一面,但也存在不少的弊端,提出了教材的开发和编写应以课程要求为原则,把信息技术充分全面地融入教材,使其真正体现"立体式"教材的实际内涵。在全面探讨和分析的基础上,我们提出了第五代大学英语教材的研发构想。第七章是本专著的结论性章节,也是本专著理论探讨的重点。在前六章研究的基础上,我们提出了生态化外语课程创设的观点。首先,该章节着重分析了当前大学英语教学改革中出现的问题,尤其是计算机与课程整合后,我们的外语教学系统出现了许多变化从而导致了诸多失调现象;其次,针对这些失调现象,我们提出应该以生态学理论的视角重新审视我们的外语教学,指出外语教学生态环境的创设应以四个方面为原则,即"稳定教学结构、兼容教学要素;制约教学运转、促进个体发展",灵活地促进教学系统各要素的相互作用、相互依存和相互转换,以达到计算机网络环境下的外语教学灵活、动态、良性的运作和发展。

第五节 小结

当人类进入 21 世纪之际,以计算机网络为核心的现代信息技术也正以前所未有的速度进入了人们的现代生活,同时也正在快速地与人类社会的各个领域进行着全面的整合。正是由于这种整合及其快速的发展,促使我们要用全新的观点和视野来重新审视我们的教育,探索计算机网络与外语课程整合的方法、手段和模式。计算机网络与外语课程整合的内涵是指在外语教学过程中把信息技术、信息资源、信息方法和课程内容有机地结合起来,共同完成课程教学任务的一种新型、高效的外语教学方式。这种整合既可以改变人们的学习观念,也预示着未来教育的发展方向。在改变学习观念方面,可以说,今后学生学习的主要途径不再只是依靠书本或教师的讲授。面对浩瀚的知识海洋和不断更新的网络信息,原先固定教师、固定班级、固定内容、固定进程、固定标准的单向的接受式学习方式将被打破。取而代之的是一种全新的学习过程,在这样的学习过程中,学生以计算机和网络以及其他多媒体设备为中介,在自主选择、合理接受、科学加工、适时反馈的信息传输中轻松自如地完成个性化的、发现式的学习。在未来发展方面,世界各国都主张把信息网络技术作为教育、教学改革的重要一环。计算机与网络技术的发展极大地拓展了教育的时空界限,空前地提高了人们学习的兴趣、效率和能动性,更重要的是预示着我国外语教学未来发展的方向。因此,计算机网络与外语课程整合的目标应该体现于:改变传统观念、改进教与学的方法、增强教与学的效率、整合教学资源等四个方面。这四个方面是计算机网络与外语课程整合的主要目标,同时也构成了本课题的研究重点:计算机网络环境下外语课程的定位、计算机与外语教学的关系、计算机网络环境下的外语教学模式、计算机网络环境下的外语教师角色、计算机网络环境下的外语师资队伍建设、立体式教材的开发和利用、计算机网络环境下生态化外语课程的创设等。本研究是在当前大学英语教学改革的形势下进行的,因此课题组决定研究的范围主要限定于我国的高等院校。在研究方向的确定、课题的论证、问题的设计和变量的认定等方面,课题组都将充分考虑到此次大学英语教学改革所涉及的困惑与难题,希望通过科学研究在理论和实践两个方面提出本研究的论证成果对当前外语教学和外语教学改革究竟有哪些借鉴与启示。

第一章
计算机网络环境下的外语课程定位

要研究计算机网络与外语课程整合,我们首先要谈到的问题就是课程,因为课程是教学的基本规划和蓝图,也是整个教学系统的重要组成部分。本章将从课程的概念和本质谈起,就我国在课程设置过程中计算机网络在外语教学上的地位及其在大学英语教学改革中的作用进行分析和讨论,并在此基础上就当前计算机网络环境下外语课程的定位进行尝试性阐述。

第一节 课程的概念与本质

课程是教学上人们经常使用的一个概念。但是何谓课程?由于所处的历史时期和社会条件不同以及人们从事课程理论与实践研究的经验、着眼点和层次的不同,对课程的理解也自然不尽相同。人们在考虑课程的概念时,有的着眼于课程的结果,认为课程是学生在学校所经历的一切活动的总和;有的着眼于课程活动的过程或程序上,把课程理解为功课的进程、顺序和过程;有的在课程的计划层次上研究问题;有的则在课程实施的水平上进行探讨。对课程概念理解的不一致给我们对课程的研究和定位带来一定的限制,因而明确课程概念对于我们进行系统的课程研究,尤其是对计算机网络环境下外语课程的定位具有十分重要的意义。概括国内外学者对课程的不同界说,我们大致可以从广义和狭义两个方面来理解课程的概念。

从广义上讲,课程是指学生在学校获得的全部经验。其中包括有目的、有计划的学科设置、教学活动、教学进程、课外活动以及学校环境和氛围对学生的影响。也就是说,广义的课程除了学校的课程表所表示的正式课程外,还包括学生的课外活动及对学生产生潜移默化影响的校园文化。从狭义的角度来说,课程是指各级各类学校为了实现培养目标而开设的学科及其目的、内容、范围、活动、进程等的总和,它主要体现在课程计划、课程标准和教科书中。除此之外,就目前的教育教学的发展而言,课程还是教学理论、教学方法以及教育技术的具体体现。换言之,课程的制定和设置都具有一定的理论基础和内涵,以什么样的理论为指导就会有什么样的课程规划和蓝图与其匹配,同样也会有什么样的教学方法和教育技术与之相对应。因此,课程既是一个广义的概念,又是一个狭义的概念,这才是对课程概念较为全面的理解。

在了解了课程概念之后,我们还应对课程的本质有一个基本的认识。一般认为(Young,1998;张正东,1999),课程是社会发展到特定阶段时知识体系与价值体系综合作用的结果。它的内容、实施、管理及评价等都受课程决策者主体需要的影响,但同时它又有坚实的客观基础,具有其独特的本质属性。课程的本质主要表现在这样几个方面:1) 课程是国家对未来人才要求的意志体现。学校作为社会的一个子系统,与社会有着密切的联系。社会一方面为学校提供实施活动的环境和必要的物质、精神条件;另一方面,社会作为一个大系统,又为学校的教育活动提供了一个目标指向,学校的一切活动都要有利于社会的发展,要为社会的发展服务(施良方等,1999:16)。课程作为学校教育的构成要素,同样必须反映各种社会需求。课程的实质内容是由社会的政治环境、经济制度和办学宗旨等决定的,学校要根据国家需要来规定教学内容。2)课程是科技文化发展和人类经验的结晶。课程的主要内容都是人类科技文化知识和经验的结晶,反映了人类科技文化发展的基本成果(方展画,2000:39)。当今社会,科学技术尤其是现代信息技术已经渗透到社会生活的各个方面,成为促进经济乃至整个社会发展的强大动力。以计算机与网络为核心的现代信息技术对课程的影响也会越来越明显和强烈。在知识经济已经形成的今天,信息技术的发展极大地影响着课程目标的制定、课程的编制、课程内容的选择和组织。3)课程是学生在自我定位基础上的自主选择。课程不仅要反映社会的要求,更要适应学生的身心发展。由于学校最根本的任务是培养人,可以说,课程的最大价值在于促进学生的身心发展。课程无论在教学科目的设置上,还是在内容的选择和组织上,都要适应每个学生身心发展的特点与水平并不失时机地促进他们的发展。因而,现代学校课程的实施过程决不是学生单纯地、被动地接受知识与训练技能的过程,而是他们积极自主地参与活动的过程(王守仁,2008:27)。课程的编制者在考虑学校的经济条件和教师水平的同时,更要了解学生的个性,尊重学生的个性,把学生身心发展的个性化与社会化统一在课程目标中,给予学生发展的主动权,激发学生的学习动机,让学生自主地发展,从而促进他们更快更健康地成长。应该说,上述三个方面就是在当代社会环境下我们课程的本质所在。

然而,在课程的具体执行上,依照课程行政主体之别,世界各国形成了不同的课程行政体制。如法国,主要由中央政府以指令性文件规定全国统一的基础教育课程,称为"国家本位课程";美国则实行地方分权的行政管理体制,州自为政,在同一州范围内,不同社区的课程设置也有一定的区别,大体上属于"地方本位课程";英国政府从不对学校课程加以干涉,基本上由学校自主决定课程,称为"校本课程"(陈桂生,1999:45)。随着经济和现代信息技术的飞速发展,世界主要国家在课程设置与编制的主体上出现了多元化发展的趋势,形成了不同的课程行政主体共同影响和决定课程的设置和编制的局面。但是在我国,课程行政基本上实行中央集权控制的模式,即教育部组织制订并颁布国家统一的课程要求。实践证明,在一个国家和地区实行统一的课程设置,是对学校教学质量进行宏观控制的一种手段,对调节教学活动、保证教学质量起到了积极作用。但进入20世纪80年代后,这种集权控制的课程模式的弊端也越来越明显,主要体现在:不利于学生个性发展、不利于培养尖子人才、不利于调动学校和地方课程改革的积极性等。就我国的情况而言,我们的课程,尤其是外语课程情况究竟如何,它的策划、设置、制订又是怎样进行的?现代信息技术又应如何应用于我们的外语课程?下一节将对此作重点回顾与讨论。

第二节 外语课程与信息技术

我国的外语课程,尤其是英语课程,历来受到国家的重视。外语教学也总是随着国家的发展而发展,随着科学技术(尤其是信息技术)的日新月异而发生着变化,这些发展与变化都反映于我国各级外语课程的规划与设置之中。

一、中小学外语课程与信息技术

文革前,我国的外语教学大多始于中学阶段,只有极少数外国语学院附属小学开设英语课程。此后在70年代末上海、广州等沿海发达地区的一些小学开始设有英语课(付克,1986;张定铨,2004)。关于小学开设英语课程,国家先后有1978年颁布的《全日制十年制中小学英语教学大纲》(试行草案)、1992年的《九年义务教育全日制小学、初级中学课程计划(试行)》以及2001年颁发的《关于积极推进小学开设英语课程的指导意见》(以下简称《意见》)。这些文件都是指导小学英语教学的,在目标、内容、方法、管理上作了一些宏观上的规定,如《意见》从如何发展小学英语教学的原则出发,提出了"从2001年秋季开始,全国城市和县城小学逐步开设英语课程;2002年秋季乡镇所在地小学逐步开设英语课程,小学开设英语课程一般为三年级。各省、自治区、直辖市教育行政部门可结合实际,确定本地区小学开设英语课程的工作目标和步骤。"这些纲领性文件很少在教学方法和手段上有较为明确的规定,更是没有提及信息技术(如计算机)的应用,这说明:1)国家的外语课程设置根本就没有重视现代信息技术的运用,所以计算机在小学外语教学中还没有地位;2)计算机在当时的学校中数量很少,不可能作为一种教学手段而得到广泛的应用。

尽管教育部颁布了一些文件,以指导小学英语的教学,但是我国基础阶段的英语课程主要还是在初中和高中阶段开设。随着改革开放的深入和国家的发展,中学英语教学经历了许多变化,就课程设置而言,经历了多年的修改、试行、再修改、再试行的漫长而曲折的过程。这种状况既说明我国非常重视中学的英语教学,但也从一个侧面反映出我们制定大纲的盲目性和不稳定性。众所周知,自1980年起教育部已连续颁布了10部英语课程大纲:1980年《全日制十年制中小学英语教学大纲》(试行草案)、1986年《全日制中学英语教学大纲》、1988年《九年义务教育全日制初级中学英语教学大纲》(初审稿)、1990年《全日制中学英语教学大纲》(修订本)、1992年《九年义务教育全日制初级中学英语教学大纲》(试用)、1993年《全日制高级中学英语教学大纲》(初审稿)、1996年《全日制高级中学英语教学大纲》(供试验用)、2000年《九年义务教育全日制初级中学英语教学大纲》(试用修订版)、2000年《全日制高级中学英语教学大纲》(试验修订版)、2001年《国家英语课程标准》。可以说,中学阶段的英语课程大纲每两至三年就要修改一次,其不确定性和变化因素之多,在此可略见一斑,同时也说明我们的外语课程长期以来缺乏明确而科学的定位。

纵观这些课程大纲,似乎可以看出这样一些特点:1)教学目标都是以打好英语基础为主,如1988年课程大纲设定的目标为:"通过听、说、读、写的训练,使学生获得基础知识和为交际初步运用英语的能力,激发学生的学习兴趣,养成良好的学习习惯,为进一步学习打好初步的基础。"此后的大纲在教学目标上基本上大同小异,只是做些适当的修改和补充而已。2)各课程大纲较为注重词汇定量上的安排,但要求上似乎不够一致。如在词汇量掌握和教学上,有常用词汇、习惯用法、固定搭配、四会词汇(会读、会听、会拼、会说)之分,但这些词汇在数量上各大纲规定多少不一,相互缺少协调。3)教学方法上,各课程大纲都强调语言的综合运用能力的培养,强调听、说、读、写的全面基础训练。尽管没有明确基本的教学方法,但基本上还是以教师为中心的完全课堂教学。只是1992年的课程大纲在教学方法和手段上提出了8点注意事项:①遵循英语教学规律,寓思想教育于语言教学之中;②着重培养为交际运用英语的能力;③听说读写全面训练,不同阶段略有侧重;④尽量使用英语,适当利用母语;⑤发挥教师指导作用,充分调动学生的主动性和积极性;⑥增加语言实践的数量,提高英语教学质量;⑦提高课堂教学质量,积极开展课外活动;⑧充分利用直观教具和电化教学手段,努力创造英语环境。由此可见,中学英语课程注重的是打好英语学习的基础,注重词汇的掌握和运用,注重语言交际能力的培养和综合应用能力的提高。在教学方法和手段上,只有1992年的课程大纲初步涉及"电化"手段的使用。与小学英语教学一样,人们还缺乏把计算机引入外语教学的概念和意识。直至2001年,国家教育部颁布了《国家英语课程标准》(实验稿)(以下简称《标准》),信息技术才作为一个现代化的教学手段和工具被明确地提了出来。这说明计算机与网络在外语教学上开始有了明确的地位。

《标准》确立了基础教育阶段英语课程的目标和任务:"激发和培养学生学习英语的兴趣,使学生树立自信心,养成良好的学习习惯和形成有效的学习策略,发展自主学习的能力和合作精神;使学生掌握一定的英语基础知识和听、说、读、写技能,形成一定的综合语言运用能力;培养学生的观察、记忆、思维、想象能力和创新精神,帮助学生了解世界和中西文化的差异,拓展视野,培养爱国主义精神,形成健康的人生观,为他们的终身学习和发展打下良好的基础。"为此,《标准》还强调:1)英语课程要积极利用现代信息技术,合理利用和积极开发课程资源,要充分利用互联网上丰富的教学资源,给学生提供贴近学生实际、贴近生活、贴近时代的内容健康而丰富的课程资源,拓展学习和运用英语的渠道;2)利用计算机和网络技术,为学生个性化学习、自主学习和协作学习创造条件。《标准》还提出,在条件允许的情况下教师应做到:1)利用音像和网络资源等,丰富教学内容和形式,提高课堂教学效果;2)利用计算机和多媒体教学软件,探索新的教学模式,促进个性化学习;3)合理地开发和利用广播电视、英语报刊、图书和网络等多种资源,为学生创造自主学习的条件(教育部基础教育司,2001)。比较以前的英语课程大纲,《标准》在教学手段上的要求具有鲜明的特征,即提倡积极地把现代信息技术应用于英语教学,积极开发和利用各种信息技术资源为英语教学服务。

由此,可以认为计算机网络资源正在被积极鼓励应用到中小学英语教学中去,这使得计算机辅助英语教学成为一种必然的趋势。然而,如上所述,在2001年《标准》颁布以前,计算机在英语教学中是没有地位的。而随着计算机与网络多媒体技术的日益发展,计算机辅助语言学习的运用范围日趋广泛,计算机开始发挥越来越重要的作用(黄芳,2007)。但是,从课程定位的角度而言,我们的中小学英语课程几乎都没有把以计算机为核心的信息技术视为课程的一个有机组成部分,只是把它看成是一个可有可无的辅助工具。即使课程设置对信息技术的应用有所阐述,一般也都是宏观的规定,没有具体的实施办法或细则。

二、大学英语课程与信息技术

相比中学英语课程大纲,大学英语课程大纲的制订和修改的频率要低得多。我国高校非英语专业的英语课程在建国后一直被称作"公共英语"课程,1986年开始更名为"大学英语"。有关当时的公共英语教学(20世纪80年代前),教育部实际上没有颁布过正式的课程大纲。直到1980年,教育部才委托国内部分重点高校的教师起草制定了《英语教学大纲(草案)》,供高等学校理工科本科四年制试用。此后,教育部又相继颁布了1985年的《大学英语教学大纲》(供高等学校理工科本科用)和1986年的《大学英语教学大纲》(供高等学校文理科本科用)。其中,1985年的《大学英语教学大纲》最具影响力,原因是该大纲把大学英语分为六级,每级都规定了教学上的定量指标。其中,一至四级为必修课,五至六级为选修课,大学英语四、六级考试也由此应运而生。1998年教育部成立项目组对1985年与1986年的《大纲》进行修订并于1999年颁布了《大学英语教学大纲》,该《大纲》不分文理科和理工科,而是针对全国各类高校的本科生,提出了"四年不断线"的原则,并把专业阅读改为专业英语(English for Special Purposes)。同时,该《大纲》还提出了分类指导的原则,在教学内容安排上向两头延伸,高低兼顾,一纲多用。虽然大学英语的课程大纲经历了多次的变化,但在教学上依旧采用的是传统的教师讲授为主的单一课堂教学模式,在教学手段上,也没有发生根本性的改变,依旧是传统的课本、黑板和粉笔。

从1999年起,我国高等院校开始大规模扩招,学生人数的激增导致外语教育资源的严重紧缺,且长期以来我国外语教学处于一种"费时低效"的状态。为了解决这些问题,教育部开始了大学英语教学改革,并于2004年制定并颁布了《大学英语课程教学要求》(以下简称《课程要求》),提出了"基于计算机和课堂的英语教学模式",即"各高等学校应充分利用多媒体和网络技术,采用新的教学模式改进原来的以教师讲授为主的单一课堂教学模式。新的教学模式应以现代信息技术,特别是计算机网络技术为支撑,使英语教学不受时间和地点的限制,朝着个性化学习、自主式学习方向发展。"新的《课程要求》首次在我国外语教育史上确定了计算机网络在外语教学中不可或缺的地位,计算机网络第一次真正意义上在外语教学中受到了重视,第一次真正意义上开始了和外语课程的整合,并由此引发了全国规模的大学英语教学改革。

第三节　大学英语教学改革

我国的大学英语教学改革正式始于2004年,此次改革规模之大,力度之强,影响之广,在我国外语教学史上前所未有。众所周知,经过多年的对外开放和发展,我国的综合国力大大加强,但是进入新世纪后,我国要进一步发展,立足于世界强国之林,必须要培养大批具有国际视野的人才,这就与我们的教育,尤其是外语教育有关。因此,可以说大学英语教学改革有其深刻的社会背景。本节将主要对此进行阐述,以期为计算机网络环境下外语课程的定位提供基础的背景信息。

一、改革的背景

教学改革总是与国家的总体发展战略(包括教育发展、经济增长、社会进步)息息相关,大学英语教学改革也不例外,相关的背景因素主要体现在以下几个方面:

1. 英语的国际地位

英语,作为国际通用语言,在当今国际舞台上正扮演着越来越重要的角色。据相关统计(姜亚军,2002),全世界五分之一的人具有不同程度的英语交际能力,全世界三分之二的科学家能读懂英文,全世界80%的电子信息用英文存储,全世界78%的网站为英语网站。英语的重要性还不仅仅限于日常的交流上,不少政治家把英语看做是提升国家国际竞争力的重要手段。如日本原经济企划厅长官寺泽芳男就曾撰写过一本《不懂英语国家将亡》的书;日本原首相小渊惠三的个人咨询机构在2000年曾建议将英语作为日本的第二官方语言(*China Daily*, 2000年3月6日);韩国前总统金大中在一次新年电视讲话中忠告国人,如果不掌握网络通用语言(英语),在国际竞争中将没有获胜的机会(姜亚军,2002)。由此可见,"英语在国际政治、经济、科技、文化等领域得到广泛使用,其强势语言的地位和作用在目前和未来较长时间内还无法被替代"(王守仁,2009:5)。因此,中国要跟上世界的发展步伐,进入国际大家庭,融入世界政治、经济、科技、文化、体育的全球化体系,较快地学习、掌握和赶超世界先进国家的科学技术,最为直接的方法就是要使我国的相关人员能够有较强的英语交际能力。就此,教育部原高教司外语处处长岑建君1997年还发

表文章,专门阐述了我国外语教学与经济发展的关系:

外语教学在我国经济、科技发展中究竟起何作用呢?以色列已故总理拉宾先生曾说:"以色列改革开放具有一大优势,就是我们的外语较好。"我以为拉宾先生的观点有一定的道理,可以从两方面理解这个问题:其一,若一个国家外语水平提高了,它能及时获取国外的科技信息,将其翻译成本国文字,最终转化为生产力。例如,日本英语的总体水平不如我们,但他们的阅读与写作能力较强,还有一支相当精干的翻译队伍,能及时把国外最新的科技信息译成日语,供国人知晓。日本作为二战时期的一个战败国,经过四十多年的努力变成了世界上最发达的国家之一,科技进步起了重要作用,其中也有外语教学对科技进步的贡献。然而,我国外语教学滞后性与社会迅猛发展之矛盾愈加显著,如不及时解决,将有碍于我国经济、科技发展。如我们组团出访时,阵容往往十分庞大,但能用外语自由交谈者为数不多,一般都依赖翻译才能开展活动,工作效率很低。若翻译不懂专业,译文偏差,谈判质量就受影响,甚至造成重大经济损失。正如李岚清副总理所说:"我国由于英语等外语普及不够,影响了对外交往的规模与效率,也吃了不少亏。"

随着我国全面的对外开放,中国正大踏步地融入国际社会,在经济、科技等各个领域同世界的交往更加频繁和密切。教育部高教司司长张尧学(2003)在211工程大学的外语学院院长会议上曾指出:"我们的进出口现在一年有七千亿美元,仅出口就有三千亿美元。这在前20年是不敢想象的事。我们后20年谁能想象到我国出口量达多少亿?所以,我们同国际交往的步伐是非常快的。我们怎样对原来不适应时代步伐的东西进行改革?我们怎样培养适应时代需求的人才?这些人才需要什么样的外语技能?这都是我们要考虑的。迄今为止,英语教学取得了巨大成绩。但我们还要与时俱进。整个外语教学要与时俱进。"可见,

"与时俱进",就意味着我们的外语教学或未来学生的英语能力应随着国家综合国力的提高而提高,以促进我国在国际上的竞争力。因此,鉴于英语在国际上的突出地位,我们的大学英语教学必须进行改革。

2. 现行外语教学环境问题

就目前我国的外语教学而言,总体水平不高,而且长期以来存在着"哑巴英语"、"费时多,收效小"的弊端(陈坚林,2000:6)。与亚洲一些国家(如印度、新加坡、巴基斯坦、菲律宾等)相比,中国学生的阅读能力应该说是不错的,但是他们的语言交际能力,尤其是听说能力相当落后。不少学生在各种考试中的成绩都相当不错,分数很高,但是一旦与人交流却不能听也不能说。这种严重的高分低能现象表明我们的外语教学多年来培养的只是外语的应试者而不是外语的实际应用者。究其原因,外语学习的好坏与学习的条件和环境不无关系,换言之,语言学习的环境对学习者使用外语起着相当大的作用。正如蔡基刚(2006:6)所指出的那样:"为什么我国学生学了十多年的英语,'聋子英语'、'哑巴英语'现象还是比较普遍?原因就是受到语言环境的限制:没有或很少有练习听力和口语的机会,没有或很少使用所学到的语言的机会。"

相对而言,中国学生的英语学习水平不如欧洲国家的学生,也不如印度、巴基斯坦、新加坡、菲律宾等国家的人士,尤其是听和说的交际能力与他们相差更远。其主要原因是,英语对这些国家来说基本上是第二语言,而对我们中国来说却是名副其实的外语。那么,英语作为第二语言和作为外语在学习上究竟有何区别? Stern(1983)通过对世界各国英语学习者的广泛研究,认为把英语作为外语和作为第二语言在语言使用功能、语言掌握的方式、语言使用的目的以及语言环境上有很大的区别,见表如下:

表 1-1　二语与外语的差异

差异点	二语	外语
地域	在某一国家或地区内掌握和使用的非本族语言，但属主要语言集团	跨地域掌握并使用的非本族语言，但不属于主要语言集团
地位	与母语的地位基本一样，通常为某国或地区的官方语言之一	比母语的地位要低，但能够受到较为广泛的重视
目的	全面参与国家的政治和经济生活，还有教育的需要	到国外旅游、对外交流、阅读国外文献、参阅科技文章等各种目的
环境	有广泛的语言环境的支撑，不依赖课堂教学	因远离主要语言集团，没有语言环境的支撑
程度	因广泛使用而习得语言，接近母语的表达能力	因只依靠正式的课堂教学，语言表达与母语相比相差甚远

　　由上表可见，二语和外语的区别至少说明了这样几个问题：首先是语言的环境问题。那些把英语作为二语的国家和地区，目的语的使用环境相当广泛，涉及社会的方方面面，如商业、教育、政治、文化、社交等，学习者能在真实语言环境中充分接触和使用语言，当然也就自然地习得了目的语；然而，外语学习者的语言环境主要是在课堂，比如在中国外语学习者所接受的语言输入主要来自课本，学习者从小学开始使用的外语课本都是经过编写者的加工和教育部门的严格审查，其语言输入相当有限，而且都是些非真实(non-authentic)或非自然的语言。其次是学习动机问题。二语学习者要使自己融入社会并在激烈的竞争中适应工作、学习、生活的需求，就必须习得并掌握目的语，因而学习动机水平就较高，而外语学习者的学习动机则具有明显的功利性特点，尤其是在我国，在校的外语学习者几乎都是为了通过某种考试，他们学习外语注重的不是语言使用能力的提高，而是如何掌握考试所需的语言材料(即考试需要什么就学习什么)。因此，在学习方法

上，外语学习者较为注重语言知识的获得，而非语言交际能力的培养。学校的外语教学也基本上都是围绕这些目标而展开，所以课堂教学基本上呈现的是重语言分析轻技能应用、重知识灌输轻能力培养、重考试要求轻全面发展的状态。长此以往，我国学生怎能不变成语言应用能力低下的考试高手！

要解决语言学习的环境问题，单靠我们传统的课堂教学是远远不够的，因为课堂和真实语言环境毕竟相差甚远，再怎么设计语言应用的情景也难以与真实的语言环境相媲美，相应地也难以达到预期的效果。因此，我们只能通过改革，借助现代信息技术，在计算机网络上创造出一个虚拟的语言环境，并使以计算机与网络为核心的信息技术与外语课程进行整合，以期能真正解决外语教学的环境问题。

3. 传统教学模式受到挑战

在我国，大学英语课堂主要是以教师为中心，教师讲课文、精解词汇和语法、组织操练、核对答案。几十年来，尽管这种"满堂灌"的教学方式忽视了学习者的主观能动性，但是我们的教师依靠个人的教学经验与人格魅力以及因材施教的小班式教学方法，确实也培养了许多外语人才。但是，随着时代的发展，尤其是到了21世纪的今天，我们的教学环境与半个世纪前或上世纪80年代相比都发生了巨大的变化，传统教学模式也因此受到了前所未有的挑战，这主要表现在以下几个方面：

1）传统模式不能有效培养学生英语综合应用能力。众所周知，传统教学模式的特点就是以教师为中心，以"课本＋黑板＋粉笔"为主要媒体，以帮助学习者在有限的课堂时间内获取和积累语言知识（主要是词汇与语法）为目的。这种教学模式以结构主义的语法翻译法为基础，通过精讲教科书中的核心范文（core text）向学习者输入某一阶段的语言形式（通常是词汇用法和语法规则等），学习者通过教师的精解和自己的反复操练来形成正确的语言习惯(language habits)和语言行为(linguistic performance)。这就是我国特有的"精耕细读"式的传统教学模式,故称为"精读课"。这样的传统精读模式必然会导致重教师讲解,轻学生参与;重语言现象,轻信息摄取;重语法细节,轻篇章整体;重语言知识灌输,轻语言技能运用;重阅读的准确理解,轻语言交际能力培养等现象。据赵晓红(1998)对交通大学8位不同年龄教师的课堂教学情况的调查,学生在一堂课(45分钟)中开口说话的时间加起来平均只有7.37分钟,而且一般仅限于教师和学生之间围绕课文内容、句型、词汇意义和语法知识的问答,而事实上这种交流只涉及语言知识,而非语言使用,目的是为了检查"装填"的效果,而不是调动学生的心智进行创造性的思考交流,因此"几乎没有交际性质"(郑树棠、卫乃兴,1996)。虽然,在我们目前的精读课中出现了诸如角色扮演、两人对话、小组讨论等交际活动,但也非课堂的常规活动,为了考试或多讲课文要点,通常"只好牺牲耗时甚多、见效甚慢的口语练习"(范谊等,1998)。因此,从某种意义上说,"哑巴英语"、"聋子英语"正是这种传统精读教学模式的产物,其原因就在于精读教学模式追求的是"精",是分析,而不是"读"(乐眉云,1995),是引导学生把英语当作一种语言体系来研究。在这样的情况下,我们知道要想把孤立、精细的语言知识很快转化为实用高效的语言运用能力,是不现实的,也是不可能的。

2)传统教学模式使教学质量下降。教学质量的下降主要与大学扩招的压力有关,因为大学扩招导致原来班级的规模急剧扩大。据蔡基刚(2006)的调查,刚恢复高考时,大学生人数相对较少,英语学习的班级一般在35人左右,到1998年前一般大学的英语班级人数基本稳定在40人左右。这样的班级规模,教师还是能利用一定的时间组织一些口语活动或小组讨论等。但是,自1999年起,我国的大学扩招使在校人数以每年8%的速度增长,2004年达到了420万人,是1998年的4倍之多。这样一来原本就紧缺的师资队伍,更是捉襟见肘,班级规模也只能随之扩大。如邮电大学百人以上的英语大班就达 35 个,其中大学英语综合课实行三个班级合上,人数接近 150 人的班级就有 27 个,占英语班级总数的 78%(王建新,2002)。同时,李爱华等(2002)对江苏、上海等省市的高校抽样调查发现,大多数高校的大学英语班级平均人数在 70 人左右。班级规模快速扩大,必然会使传统的"精读"教学模式难以适应,从而产生了一系列的问题:首先,班级人数越多,师生的交流互动就越少。试想一下,一堂课 45 分钟,这么多的学生每人轮流讲几句,时间就差不多快完了,学生课堂实践机会因此就会明显减少。南开大学在对他们的教师调查中发现,85%的大学英语教师把学生听说能力差的原因归咎于课堂人数太多(庄智象等,2004)。其次,班级规模过大使得教学效率下降,同时还增加了课堂管理的难度。在一个 80 人左右的课堂,教师几乎不可能把学生的水平差异控制在他们能把握的范围里,教师能做的就是按照事先设计好的教案授课,无法实施因材施教的理念。由于学生水平参差不齐,一些课堂甚至还出现"较差的学生由于跟不上教师的节奏,听不懂而索性缺课;水平较高的学生则嫌节奏太慢而上课干自己的事"等现象(蔡基刚,2006:201)。因此,在这样人数众多的课堂讲课,教师不可能照顾到各种层次的学生,势必会降低教学的效果和效率。正如戴炜栋教授(2009:4)所指出的那样:"短时期内学生数量的快速增长使得师资力量相对薄弱,致使教学质量难以得到有效保障。"显然,在这样的传统教学模式下,扩招势必会影响到整体的教学质量。

3) 传统模式不能适应社会和语言环境的变化。应该说传统教学模式的教学质量在受到班级规模的制约之外,还受到其他社会和环境因素的影响。首先,学习的环境和手段在变化。在过去的几十年里,大学英语课堂围绕课本开展教学,偶然会听些录音。但现在,随着信息技术的快速发展,学生可获取知识和信息的渠道变得丰富起来,学生不再满足外语学习只围着课本转的传统方式。据上海交通大学的调查(郑树棠、卫乃兴,1996),83%的学生喜欢通过看电视、录像等来学习英语。可见,学生已趋向于摒弃仅仅靠教材来学习英语的模式,转而采取从多种媒体和渠道接受语言的输入。传统的教学模式在电脑、网络等多媒体的冲击下,已不可避免地失去其原有的地位和优势。其次,学生的学习动机在变化。过去学生学习英语的主要目的是通过学业考试,获得文凭即可,因此学习仅靠课本就足够了。现在,情况变了,学生学习英语不仅是为了一纸文凭,他们还必须为今后的发展(就业、出国留学、报考研究生等)做出必要的考虑和规划,他们的学习也因此变得更为主动,对学习内容也提出更多的个人要求(如参加上海市中高级口译证书考试的在校大学生就日益增多)。这些都对传统的教学模式提出了挑战,课堂上教师讲学生听的模式根本就满足不了学生的个人需求。由此可见,传统的教学模式很难适应这些变化,也很难满足社会和学生的新要求,教学模式的改变势在必行。

4. 教育资源的相对匮乏

我国是一个人口大国,教育的发展相对落后,教育资源也相当匮乏,主要体现在教育经费与师资紧缺这两个方面。众所周知,从1999年起,教育部实行高校扩招,本科人数以每年8%的速度快速增加,到了2004年在校人数已达2000万。按照教育部的发展规划,至2020年在校人数将达4000万的规模。然而与其他国家相比,我国的教育经费在世界上却是最少的。美国受教育人数3000万,教育经费是7000亿美元,相当于我国GDP总数的60%以上,而我们受教育人数3亿多,我们的教育经费只有3000多亿元人民币,也就是400亿美元。香港一个大学生的拨款是每年21.7万港元另加4万多港元学费,而我们每名大学生拨款平均每年仅7000多元(张尧学,2002)。此外,大学扩招还给原本紧张的外语师资队伍带来了日益繁重的压力,教学资源紧缺问题越来越突出。一方面招生规模扩大,另一方面教学资源又相当有限,我们的外语教学要在这样的困难环境中完成任务,只有走教学改革这条路,采用新的教学手段,挖掘现有潜力。现在最有效的方法,就是要借助计算机网络的超强功能(海量、快速的储存;便捷、正确的传输;广泛、共享的网络等)缓解教学资源紧缺的问题。

要解决上述问题,外语教学改革已刻不容缓。于是,2004年教育部在充分听取各方专家意见的基础上,制定并颁布了《课程要求》(2007年经修改后,又颁布了新的《课程要求》),从而开始了规模空前的大学英语教学改革。

二、教学新模式与实施要求

《课程要求》以建构主义学习理论为基础,规定了大学英语教学的目标、手段、评估等体系,对当前大学英语的教学要求进行了全方位的阐述,概括起来主要包括:一个目标、三种层次要求、两个观念转变和一个教学模式等内容,具体见表如下:

表 1-2 《大学英语课程教学要求》的基本内容

项目	内容
一个目标	培养学生英语综合运用能力,特别是听、说能力,使他们在今后工作和社会交往中能用英语有效地进行口头与书面的信息交流,同时增强其自主学习能力,提高综合文化素养,以适应我国经济发展和国际交流的需要。
三种层次要求	一般英语能力要求;较高英语能力要求;更高英语能力要求
两个观念转变	1)从"以教师为中心"的教学转变到"以学生为中心"的教学上来; 2)从完全的课堂教学转变到计算机网络自主学习上来
一个教学模式	基于计算机和课堂的英语教学模式

教学模式实际上是此次大学英语教学改革的核心,"新的公共英语教学模式应以课堂教学与在校园网上运行的英语教学软件相结合的教学模式为主要发展方向"(张尧学,2003)。于是,《课程要求》提出了一个全新的外语教学模式,即"基于计算机和课堂的英语教学模式"(见图1-1)。新模式要求各高等学校在采用"基于计算机和课堂的英语教学模式"时要充分利用现代信息技术,特别是网络技术,改进以教师讲授为主的单一教学模式,使英语的教与学可以在一定程度上不受时间和地点的限制,朝着个性化和自主学习的方向发展。具体而言,各高等学校应根据本校条件和学生的英语水平,探索建立网络环境下的听说教学模式,直接在局域网或校园网上进行听说教学和训练;读写译课程既可以在课堂进行,也可以在计算机网络环境下进行;对于使用计算机网络教学的课程,应有相应的面授辅导课时,以保证学习的效果;为实施新模式而研制的网络教学系统应涵盖教学、学习、反馈、管理等完整过程,包括学生学习和自评、教师授课、教师在线辅导、对学生学习和教师辅导的监控管理等模块,能随时记录、了解、检测学生的学习情况以及教师的教学与辅导情况,整个教学过程还需体现交互性和多媒体性及易于操作性。

根据这一模式,英语听、说、读、写、译等教学活动可以通过计算机来进行,也可以通过教师的课堂教学来进行;如图1-1所示,实线箭头表示以某种教学环境为主,虚线箭头表示以某种教学环境为辅。也就是说,"听"的训练主要在计算机网络环境下进行,辅之以课堂教学;"说"和"读"的训练既要在计算机网络环境下进行,又要有课堂教学;"写"和"译"的训练以课堂教学为主,以计算机网络环境下的教学为辅。在模式的具体实施上,《课程要求》不但用附件形式提出了一个非常具体的多媒体教学模式,而且还提出了在计算机上"学生每学习16—20学时,教师应给予1学时的辅导";教师面授辅导的"每组学生不应超过8人";"学生在计算机上学习所获学分的比例应占英语学习总学分的 30%—50%"等建议。可见,基于计算机网络的自主学习已在大学英语的课程中占有相当重要的位置。

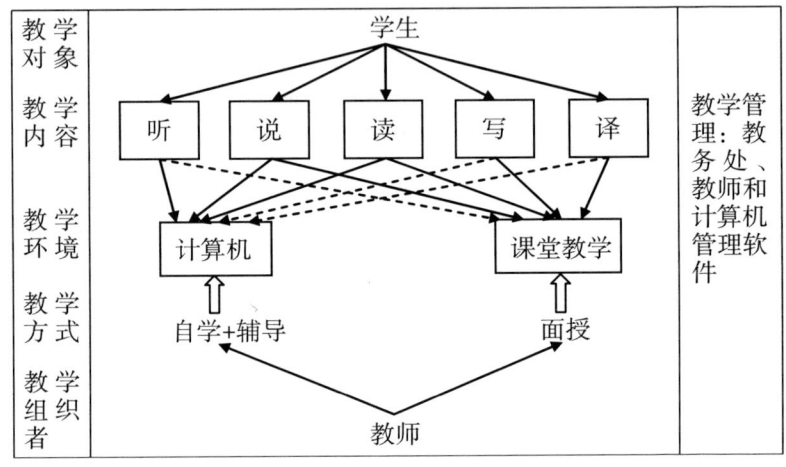

图 1-1　基于计算机和课堂的英语教学模式

教学模式的改变不仅是教学方法和教学手段的变化,而且是教学理念的转变,是实现从以教师为中心、单纯传授语言知识和技能的教学思想和实践向以学生为中心、既传授语言知识与技能又注重培养语言应用能力和自主学习能力的教学思想和实践的转变,也是向以培养学生终身学习能力为导向的终身教育的转变。应该说新教学模式的实施是对我国传统外语教学模式和手段的一次革命性变革。

第四节　外语课程的变化与定位

我们已经较为全面地讨论了课程的概念和本质,回顾了大、中、小学外语课程的发展轨迹与信息技术的应用情况,也分析了大学英语教学改革的时代背景等。这些讨论、回顾和分析为外语课程的合理定位提供了思路和依据。应该说,随着国家的快速发展,我们的外语课程所包含的目标、内容、方法等都已不能同日而语。尤其是信息技术的高速发展为外语课程的设置又带来了新的理念和内容,注重的是计算机网络与课程的有机整合。

一、课程变化

以计算机网络为核心的现代信息技术进入外语课程后,外语教学发生了巨大变化,这些变化主要反映在教学目标、方法、手段、观念、教材、作用、环境、评估等方面。在教学目标方面,传统的外语教学重点是培养学生的阅读能力,注重的是知识的灌输与掌握,而信息技术与课程整合后教学目标转移至学生的语言应用能力,特别是听说能力的培养上;在教学方法方面,传统外语教学采用的是结构主义的语法翻译法,讲究的是课文精讲细读与模仿操练,且以教师为中心,而整合后的外语教学把传统单一的讲授方法转变为立体式、个性化的教学方法,注重的是学生课堂教学与课外自主学习相结合,强调的是以学生为中心进行主动的知识建构;在教学手段方面,传统教学采用单一的粉笔加黑板的手段,尽管也有些直观的教具,而整合后的外语教学广泛应用以计算机网络为核心的信息技术创设虚拟学习环境,开展任务型、个性化的外语教学;在观念方面,传统教学往往围绕着教师和课本,因为教师和课本是学生知识的唯一来源,教师控制并主宰教学,而整合后的外语教学将从教师中心转至学生中心上来,从完全的课堂教学转变至学生自主学习上来;计算机从辅助的地位走向了教学的前台,不再是教学的辅助工具,而是注重教学资源的优化与组织;在教材方面,传统教学使用的是纸质平面教材,内容单一,注重机械模仿和操练,而整合后的外语教学使用的是立体式教材

("立体式"指的是物理概念上的纸质课本、音频光碟、视频光碟、音视频光碟等),教材内容多媒体呈现,讲究的是立体式综合教学;在教师作用方面,传统教学要求教师成为教学的绝对控制者,掌握教学中的一切,扮演着讲解者和引导者的角色,而整合后的外语教学要求教师成为教学的帮促者,帮助或促进学生进行主动的知识构建和学习;在环境方面,传统教学的主要环境是课堂,学生缺乏语言学习的真实环境,而整合后的外语教学可借助计算机网络的超强功能创设拟真的学习环境供学生进行语言学习和操练;在评估方面,传统教学注重的是终结性评估方式,即以学习成果(考试成绩)为主要评价依据,而整合后的外语教学强调的是终结性评估与形成性评估相结合的方式,既注重教学的成果又讲究教学过程中的评价与调整。

上述的这些变化从根本上改变了传统课程的构成范式,确立了技术(信息技术和教育技术)在课程中不可或缺的地位;也就是说,传统的外语课程只是反映外语教学的理论与方法,而现代的外语课程不仅应反映理论与方法,更重要的是能体现技术在教学上的作用与功能。因此,外语课程定位要从这两方面考虑,亦成必然。

二、课程定位

关于外语课程的定位,我们应着眼于两个方面,即课程的构成范式与计算机在课程中的地位。

1. 课程的构成范式

一般说来,课程是教学的基本规划和蓝图,体现一定的教育思想和教学理论。因此,传统的外语课程的构成范式应该是"2+1"模式(理论、方法+课程或教材),即教学理论和教学方法体现于课程或教材之中。但是,随着社会的进步、经济的发展以及科学技术的日新月异,以计算机网络为核心的现代信息技术开始进入并整合于人类社会的各个领域,自然地也就进入了外语教学领域。为此,外语课程的构成范式也就从传统的"2+1"模式转变为"3+1"模式(理论、方法、技术+课程或教材),即教学理论、教学方法、信息技术(教育技术)体现于课程或教材之中。《课程要求》就是这种"3+1"模式的最好体现。这种构成范式的转变也体现于具体的教学实践上,如传统教学一般以教师为中心,学生的知识主要来自于课本,而如今我们的外语教学除课堂外,学生可以(利用技术)在计算机网络上进行自主学习,他们从被动的学习者转变为知识的主动建构者。因此,课程构成范式的改变是计算机网络环境下外语课程定位的首要特征之一。

2. 计算机在课程中的地位

传统外语教学基本不使用计算机,即使使用,计算机也只是一种辅助的工具。因此,计算机在传统的外语课程中是没有地位的,但是自从《课程要求》首次在我国外语教育史上明确提出将计算机作为课程的有机组成部分后,计算机就开始从辅助的地位走向了教学的前台,也就是说计算机在课程中的地位发生了根本性的改变。一般来说,利用计算机进行外语教学的方法有两种:一种是计算机辅助教学,计算机只是作为一种辅助的工具;另一种是把计算机整合于外语教学之中,使其成为外语教学过程中一种必不可少的有机组成部分。前者的主要目的是帮助教师改善教学效果,然而在实际教学中其表现出来的特点是:① 计算机仅作为辅助教师的演示工具来使用,并没有发挥其强大的功能;② 教学内容基于课本,纸质教材电子屏幕化(详见第六章);③ 教学材料限于课本,学生知识来源单一化;④ 教学结构依然是以教师为中心,学生处于被动学习的状态。由此可见,计算机辅助教学不能从根本上改变传统课程的结构。但是如果计算机成为课程的一个有机组成部分,成为整个教学中的一个要素,这就可以为以学生为中心的自主学习以及各种其他拟真学习活动奠定基础。

因此,在计算机网络环境下外语课程的定位中计算机应成为课程的一个有机组成部分,外语教学系统中的必备要素之一。

综上所述,我们认为外语课程应该以"3+1"模式(理论、方法、技术+课程或教材)进行规划和设置,同时将计算机网络为核心的现代信息技术设为课程的有机组成部分,使其成为整个外语教学系统中的要素之一。这就是计算机网络环境下外语课程定位的关键所在。

第五节 小结

课程,是科技文化发展和人类经验的结晶,也是国家对未来人才要求的意志体现。课程的概念有广义和狭义之分,它既是学生在学校获得的全部经验,包括有目的、有计划的学科设置、教学活动、教学进程、课外活动以及学校环境和氛围的影响,又是各级各类学校为了实现培养目标而开设的学科及其目的、内容、范围、活动、进程等的总和。我国的外语课程,尤其是英语课程,历来受到国家的重视。虽然我国的中小学外语课程历经了许多变化,但是以计算机网络为核心的现代信息技术在中小学外语课程中并未受到过重视。随着国家的发展,大学开始扩大招生,从而造成了教学资源紧缺。为此,教育部发起了全国规模的大学英语教学改革,目的是要解决"费时低效"以及教学资源紧缺等问题,并提出了"基于计算机与课堂的英语教学模式",在我国外语教育史上首次确立了计算机网络在外语教学上不可或缺的地位,使其成为与外语课程整合的一个有机组成部分。更有意义的是,新模式改变了我国长期以来以教师为中心,单纯传授语言知识的传统教学模式,开始确立了一种以学生为中心的自主学习和个性化教学的方式,这对于培养我国学生较强的外语综合应用能力具有深远的意义。大学英语教学改革以及计算机网络与外语课程整合使当前的外语教学发生了巨大的变化,这些变化使课程的目标、内容、方法、理念等已不能同日而语,改变了外语课程的构成范式,使计算机从辅助的地位走向了教学的前台,为计算机网络环境下外语课程的定位提供了依据和思路。因此,外语课程应该以"3+1"模式(理论、方法、技术+课程或教材)进行设置和规划,并将计算机设为课程的有机组成部分,使其成为整个外语教学系统中的要素之一,以确立技术(信息技术和教育技术)在课程中不可或缺的地位,这才是计算机网络环境下外语课程定位的关键所在。

第二章
计算机与外语教学

我们在前一章已对计算机网络环境下的外语课程有了一个明确的定位,即计算机应成为外语课程的一个有机组成部分。然而,作为课程的一个部分,计算机与实际外语教学究竟应是怎样的关系?如何对计算机加以有效的应用?计算机与外语课程整合的要点在哪里?本章将对此作重点探讨,整个探讨将从计算机功能及其技术的发展入手,结合当前大学英语教学的现状,对计算机在教学上的作用进行分析和阐述,并在此基础上提出计算机网络与课程整合的优势所在。

第一节 计算机技术与外语教学

每当谈起计算机与外语教学的关系时,人们总会很自然地想到计算机辅助外语教学或其英文名称的缩写 CALL,即 computer assisted language learning,总会突出计算机的辅助功能。然而,随着计算机科学日新月异的发展,我们应该要对计算机在外语教学上的作用有一个新的认识。要阐述计算机与外语教学的关系,首先得了解技术(信息技术与教育技术)与教学的发展轨迹,以展望计算机在外语教学上的发展趋势。

一、技术与教学的关系

技术与教学的关系,最早可以追溯到 17 至 18 世纪夸美纽斯和裴斯泰洛齐等人倡导的直观教育,即采用图片、实物、模型等直观教具来辅助教学。19 至 20 世纪,随着科学技术的发展,出现了许多机械的和电动的信息传播媒体,如照相机、幻灯机和无声电影等。由于这些媒体在教学上可以提供生动的视觉形象,于是就产生了"视觉教育"的概念。视觉教育强调利用视觉教材作为辅助手段,使教学活动更加具体化,主张在学校课程中组合运用各种视觉教材,将抽象的概念作具体化的呈现,以提高教学的效果。20 世纪 30 年代后,无线电广播、有声电影、录音机先后被应用于教学,人们感觉到视觉教育的说法已不能概括已有的教学实践,于是就开始使用"视听教育"的术语。视听教育的主要代表人物是戴尔,他于 1946 年所著的《教学中的视听方法》一书提出了"经验之塔"理论,详尽论述了具体学习经验的重要性,强调抽象的学习经验必须以具体的学习经验为基础。该理论成为当时及后来的视听教育的主要理论依据。此后,传播学理论开始向相关领域渗透,并逐步发展成为视听教育的理论基础。传播的概念和原理被引入视听教育领域后,技术运用于教学的研究发生了根本性的变化,人们从关注表态的、单维的物质手段转向了动态的、多维的教学过程。这种转变从根本上改变了视听领域的理论框架和实践范畴,即由仅仅重视教具教材的使用,转为关注教学信息怎样从发送者(教师等),经由各种渠道(媒体等),传递到接受者(学生)的整个过程。信息的传播导致了音像媒体的产生,音像媒体是指传递声音和图像的信息载体。这些载体早期的有传递声音的留声机、无线电收音机和录音机,以及传递图像的幻灯机、卷片放映机和无声电影。20 世纪 30 年代,有声电影开始用于教育,成为教学手段现代化的重要里程碑。20 世纪 50 年代,闭路电视系统在许多大学开始建立。70 年代中期,微型计算机问世并应用于教学。由于设备价格下降,运行费用大幅减少,计算机自 80 年代后在学校的普及呈现快速增长的趋势。90 年代以后,由于出现了数字化技术以及信息和网络技术,计算机的发展进入了尖端时代,在教学上的作用再也不是仅仅辅助教师改进教学的一个手段,而是一个能够全方位、立体式地提高教学效果的有效工具。

上述技术与教学之间关系的演变过程说明,不管是直观教具、电视设备、计算机还是其他传播媒体,也不管它们在教学上如何运用,都只是一种辅助的工具。那么,这种发挥辅助功能的技术设备和各种媒体究竟能否显著地提高教学效率?为此,饶克雄(1983)专门在山东省济南二中做过一项实验,其结果表明使用电化教具的实验班学生的听说读写能力均要高于不使用电化教具的平行班学生。饶克雄对课堂训练密度、训练效果和学生情绪等作了如下对比:

表 2-1　听读训练

方法与手段	用时对比	受益范围	课堂气氛
一般方法	听读分开,如听 10 分钟,读 10 分钟,共用时 20 分钟。	个别学生读,其他学生只听不读,无实践及纠正机会。	学生注意力易于分散。
使用电教手段	听读同时进行,10 分钟可完成一般方法用 20 分钟的内容,时间可省 1/2。	全体学生同时随听随读,教师巡回纠正,或学生自行纠正,实践机会大大增加。	学生注意力集中,兴趣很高,普遍开口。

表 2-2 句型操练

方法与手段	用时对比	受益范围	课堂气氛
一般方法	题目口述或板书,个别学生回答,假如需用10分钟。	训练密度小,不利于提高熟练程度。不利于培养用英语直接思维的能力。	抽象思维,不利于诱发学生兴趣。
使用电教手段	用投影器、幻灯机,学生看画面说英语,5分钟完成,节省1/2时间。	训练密度大,有利于提高熟练程度。极有利于培养用英语直接思维的能力。	形象生动,学生兴趣很高。

表 2-3 听写训练

方法与手段	用时对比
一般方法	教师口述、板书答案、收练习本,假如需用14分钟。
使用电教手段	学生戴耳机进行听写,教师巡回检查,投影器公布答案,学生校对,用7分多钟即可完成,节省时间1/2。

表 2-4 单句、句型、重复率对比

方法与手段	每节课实践次数	课堂气氛
一般方法	平均5次。	缺乏上述效果。
使用电教手段	视、听、说、写同时或单独交换重复,平均10次。	能促进学生兴奋的调节,引起不同情绪的起伏,提高记忆效果。

毋庸置疑,饶克雄的实验研究说明,技术确实能提高外语学习的效率,而且还能活跃学习氛围,使学习变得生动有趣。然而,饶克雄的实验毕竟是在1983年做的,距今已有20多年了。在这期间,技术(尤其是计算机技术)发生了翻天覆地的变化,特别是自20世纪90年代以来计算机技术的发展更是迅猛而全面,因此

它对外语教学的作用也就不能同日而语了。

二、计算机技术的发展

　　计算机从问世那天起，其技术在教学上的运用就有一个逐步发展和完善的过程，并与其他现代技术的问世和发展有着直接的关系，如：声－光－电技术使教学信息得到有效增强；电讯传播技术使教学突破空间限制；电磁和数字记录技术使教学信息的利用突破了时间的限制；多媒体技术拓宽了人们接受信息的通道带宽；传播技术与记录技术的结合改变了教学系统的结构，如出现了异步教学形态；信息和网络技术改变了教育的形态，产生了"虚拟教育"。可见，现代技术的快速发展使计算机的功能（拟人或拟物）变得更加全面而完善。以前很难实现的教学效果（如教学示范、场景呈现、超量信息传输、模拟互动等），现在都能通过计算机得以完美实现。可以说，许多高科技成果都蕴涵于计算机功能之中，尤其是三大关键技术：人工智能技术（artificial intelligence）、数字化技术（digital technology）、信息和网络技术（information and internet technology）使计算机的功能得到了超越式的发展。

　　首先是人工智能技术。人工智能技术使计算机的功能智能化，智能化也就意味着计算机可以进行拟人思维，可以在教学中扮演人的角色，因此人工智能技术被认为是信息化外语教学系统的核心技术。正因为计算机有拟人思维的功能，智能化的计算机教学系统能够做到教学行为人性化、人机互动自然化、教学过程合理化以及繁杂任务代理化等。此外，由于计算机功能的智能化，基于计算机网络的外语教学系统能够做到：1）教学个性化：利用人工智能技术构建的智能导师系统能根据学生的不同个性特点和需求进行教学和提供帮助。2）环境虚拟化：人工智能技术能使教学情景高度虚拟化，这也意味着教学活动可以在很大程度上脱离物理空间和时间的限制,可以超出计算机之于教学的辅助功能。3)管理自动化:计算机功能智能化完全可以使教学管理自动化,其功能包括计算机测试与评估、学习问题诊断、学习任务分配等。目前发展的最新趋势还表明智能化计算机网络管理体系可以为各类学习者建立电子学档,其中包括学生的电子作品、学习活动记录、学习评价信息等。从这些意义上说,人工智能技术为计算机高度拟人化的发展奠定了基础。

其次是数字化技术。所谓数字化,从广义上讲,主要是指以计算机为基础的信息数字化技术。数字化使得教育技术系统的设备变得简单,性能趋于可靠且标准保持统一。更重要的是,数字化技术的发展使计算机信息储存量加大,信息传送速度加快,而且信息在传输中十分稳定,不会失真。应该说,现代信息技术所构建的外语教学环境具有情景的信息化、外语学习的全球化和个性化。在信息传递上,书本、黑板被更具形象化的声音、影像、图片所替代,而这些都与数字化技术的发展有着密切的关系,数字化使计算机功能超越式发展成为可能。

除了智能化和数字化,第三个关键技术就是信息和网络技术。信息和网络技术使当今的数字化信息网络做到了"天网"(如数字卫星通讯系统、移动数字通讯系统)与"地网"(因特网及其他网络)合一,既相互独立又优势互补。网络的主要优势是覆盖面广、资源广泛共享、时空超越限制、多向互动和便于合作。它使学习过程的互动性和自主性完全成为现实。如,在利用因特网进行个性化自主学习时,学习者可以通过相应的网站学习英语写作,网站能起到教师的作用,帮助修改润色文章。信息和网络技术还能使学习者接触到新颖、即时的学习内容。学生还可以通过某些网站看到图文并茂、地道的英语视听资料。这些资料即时、生动、新颖、活泼,能多角度地反映英美文化的各个方面。信息和网络技术的发展,已经使学校没有了围墙,"学校"将随时伴随着人们。网上学习外语与在学校学习外语一样,将在人们外语学习过程中起到非常重要的作用。

综上,这三大关键技术使计算机的功能发生了革命性变化:智能化使计算机能拟人思维;数字化使计算机能精确、海量地储存信息;信息网络化使计算机能覆盖广泛,资源共享。这三大技术相互独立,又互为依存,共同促使计算机从辅助的地位走向了教学的前台。因此,在计算机技术发展得如此迅猛的今天,如果我们还仅仅停留在增强教学效率的层面上,我们对计算机利用的要求未免也显得太低了。因此,计算机的超强功能必须得到全面地开发和利用,从根本上改变传统低效的外语教学模式。那么,目前我们外语教学的现状又如何呢?

第二节 计算机与外语教学现状

为了解目前我国高校中计算机应用于外语教学的现状,我们课题组在各地高校做了调查并做了不少实地考察工作。本节主要是对我们的调查内容和数据进行分析和讨论。

一、课堂观察实例

课堂观察是课题组实地考察的主要手段之一。通过观察,我们获得了不少第一手资料,对目前高校英语课堂教学情况有了大致的了解与认识。因观察记录较多,经整理,选取以下两则较具有代表意义的课堂观察记录:

表 2-5　观察记录一

观察要点:大学英语教学中现代信息技术的应用情况

教师	女性;硕士;7 年教学经验
学生	一年级学生(约 70 人)
地点	山东某大学多媒体教室
课程	精读课程
教材	《新视野大学英语:读写教程》第一册 郑树棠主编 外研社出版
内容	Unit 3 A Good Heart to Lean on 对课文的语言要点进行演示、分析、讲解
过程	教师一开始就放了一段录音,然后进行了一些提问和启发性解释,旨在让学生对课文的主题、结构、特点有一个总体的了解。此后,教师就借助光盘开始对课文进行逐字逐句的分析和讲解(可能因光盘内容与课本完全一样,学生似乎不太专注)。教师的讲解相当仔细幽默,时常会结合四级考试举一反三给出例句。教师讲解完毕,随即让学生听了一遍课文录音,并就课文内容及语言重点提问,启发学生。因时间关系,教师布置了课后练习。
总结	使用计算机,但主要是演示和讲解,主要是教师讲学生听。

表 2-6　观察记录二

观察要点:大学英语教学中现代信息技术的应用情况

教师	女性;硕士;5 年教学经验
学生	二年级学生(约 50 人)
地点	浙江某大学语言实验室
课程	听说课程
教材	《大学英语(全新版):听说教程》第三册 虞苏美、李慧琴主编 外教社出版
内容	Unit 6 The Natural World　听力理解、口语操练

续表

过程	教师首先就 natural world 的主题以问题形式启发学生，然后就课文上的五个问题进行简短的讨论（可能因人数较多或词汇量有限，发言的学生不多）。教师稍加总结后，要求学生阅读并熟悉听力部分的词汇，此后开始放录音，学生边听边做练习，录音连续放了两遍，随后教师边解释边核对答案（有个别学生就某些答案与教师进行了探讨）。教师的讲解不够活泼，但常会结合四级考试举一反三给出例句。此后，教师要求学生就听力部分的要点进行结对口语练习，在此基础上，教师希望一些学生进行课堂示范，请了三对，只有一对学生做了课堂示范。
总结	使用计算机，但主要是播放录音，借助计算机的功能进行录音的分段或分句播放，以此提高教学效果。

上述两例的教学形式与传统的"黑板＋粉笔"的课堂教学相比只是多了光盘和计算机，教学的本质未变，是一种较为传统的以教师为中心的计算机辅助教学的课堂形式。第一例教师借助光盘对课文进行讲解，计算机只是起到了辅助教学的作用，仍然是教师讲学生听的局面，而且光盘的内容与纸质课本的内容完全一样。据学生反映：即使课后上网学习，网络版内容基本上也与课本内容一样，所以课后再学意义不大。因此，要使学生发挥学习潜能，进行自主学习，突出个性化学习，显得相当困难。第二例教师给学生讲的是听说课程，但实际是一堂借助计算机播放录音的听力课，学生会话和听力的内容基本都局限于课本，学生似乎对口语讨论不是非常感兴趣（可能是由于内容和学生词汇量有限等问题），多数情况下只是进行一些模仿和复述，很难体现学生的自主学习和语言应用的能力。应该说，这两种把信息技术应用于教学的方式在目前高校的大学英语教学中是非常典型的。

上述应用信息技术的方式可以说明两点：1) 我们的教师和学生在观念上尚未改变传统的计算机辅助教学的看法，在应用上计算机与黑板粉笔没什么不同;另外,现有的课本也在很大程度上限制了计算机的充分利用与实际作用的发挥;2)如果我们只是把计算机作为辅助工具应用于我们的外语教学,我们教学改革的目标(解决教学弊端和缓解资源紧缺)要得以实现显然不太可能,因为计算机只是起到教学的辅助作用,未能从根本上改变现有的教学结构。教师仍然是教学的中心,学生还是被动地学习,根本就不可能培养他们自主学习的能力。据此,似乎可以得出这样的结论:尽管计算机能够提高外语教学效率,但是由于计算机只是作为一般的辅助工具应用于教学,其超强的功能还远没有得到充分的发挥和利用。

二、学生调查分析

在实地考察期间,我们对南京的东南大学(以下简称"东大")和上海工程技术大学(以下简称"工程大")进行了重点调查。东南大学属于国家985重点高校,师资强,生源好,是教育部教学改革试点高校之一。上海工程技术大学是上海市的一所地方性高校(属于二本院校),师资和学生来源相对而言较为一般,它不是教育部大学英语教学改革的试点院校。我们选取这两所高校进行调查,目的是想比较试点和非试点院校之间大学英语教学的相同点与不同点,并试图从中发现计算机网络在外语教学中的实际功能与作用。

这次调查①是以问卷和访谈相结合的方式进行的。东南大学和上海工程技术大学各60名学生回答了问卷。问卷调查主要涉及这样几个方面:1)大学英语教学改革后的课堂活动;2)对计算机网络应用于教学的看法;3)计算机网络的作用和自主学习;4)教师作用与计算机网络英语教学模式。

---

① 该项调查由上海理工大学外语学院讲师黄芳和赵学旻负责实施。

1. 大学英语改革后的课堂活动

关于英语教学的课堂活动,我们一共设计了3个问题,具体的结果与分析如下:

表 2-7 在你们的英语课堂上,教师的主要活动是(可多选):

选项	东大(%)	工程大(%)
利用多媒体课件,讲解词汇、语法、翻译课文	83.33	78.33
讲解四、六级模拟试题	0	11.66
操练词汇、句型	21.66	6.67
利用多媒体课件介绍篇章结构和文化背景知识	78.33	60
组织学生讨论、角色表演、模拟情景对话等课堂活动	63.33	16.66
其他	3.33	1.66

表 2-8 在你们的英语课堂上,学生的主要活动是(可多选):

选项	东大(%)	工程大(%)
看课件展示、听教师讲解、记笔记	86.66	93.33
词语操练、英汉翻译	28.33	6.67
参加课堂讨论、角色表演等活动	71.66	18.33
集体协作共同完成学习任务	68.33	16.66
做四、六级模拟试题	0	14.29
其他	6.67	0

从调查的结果来看,两所学校因师资和生源的不同,总体的教师和学生的课堂活动有所差异,但是各项活动所占比例的高低基本趋于相同。如:表 2-7 的 6 个选项中,东大和工程大分别有 83.33% 和 78.33% 的学生认为在英语课堂上教师的主要教学活动是"利用多媒体课件讲解词汇语法和课文翻译",另外,分别有 78.33%(东大)和 60%(工程大)的学生选择了"教师利用多媒体课件介绍篇章结构和文化背景知识"。这两个选项是 6 个选项中

被选率最高的,其他的如"讲解四、六级模拟试题"以及"操练词汇、句型"等工程大学生的选择只有 11.66% 和 6.67%,而东大的学生对这两项作选择的分别只有 0% 和 21.66%。又如学生的主要课堂活动方面,我们发现两校对"看课件展示、听教师讲解、记笔记"的选项的认同有着惊人的一致性,东大学生选择此项的有 86.66%,而工程大学生选择此项的高达 93.33%。关于"参加课堂讨论、角色表演等活动"以及"集体协作共同完成学习任务",分别有 71.66% 和 68.33% 的东大学生作了选择;相比较,对其他选项作出选择的工程大学生都没有超过 20%,分别是 6.67%,18.33%,16.66% 以及 14.29%。上述的结果至少可以说明这样一个事实,即大学英语教学改革后我国高等院校(无论是试点或非试点院校)在某种程度上已改变了一般传统的教学手段,都已把现代信息技术(计算机、网络、课件等)应用于我们的外语教学,而且某些传统的课堂活动(应试活动等)相对减少,如东大教师和学生与四、六级考试有关的课堂活动选项都是 0%,即使是像工程大这样非常重视四、六级考试通过率的学校,关于考试活动的选项也都没有超过 15%。这些分析还可以从表 2-9 统计的情况中得到验证。

表 2-9 您所希望的英语课课堂类型是(可多选):

选项	东大(%)	工程大(%)
利用黑板等传统教学设备,教师讲解与课堂活动相结合	10	11.66
利用多媒体课件,教师讲解与课堂活动相结合	25	53.33
网络多媒体自主学习与课堂授课、课堂活动相结合	71.66	40
自学为主,辅以教师疑难解答	10	15
学生活动为主	0	8.33
其他	0	1.66

表 2-9 中也共有 6 个选项,从基本的统计情况来看,东大学生对各选项认同高低情况依次是:"网络多媒体自主学习与课堂授课、课堂活动相结合"71.66%,"利用多媒体课件,教师讲解与课堂活动相结合"25%,"利用黑板等传统教学设备,教师讲解与课堂活动相结合"10%,"自学为主,辅以教师疑难解答"10%,"学生活动为主"0%,以及"其他"0%;而工程大学生选择居前三位的选项是"利用多媒体课件,教师讲解与课堂活动相结合"53.33%,"网络多媒体自主学习与课堂授课、课堂活动相结合"40%,以及"自学为主,辅以教师疑难解答"15%。这些结果从一个侧面说明东大学生倾向于网络自主学习,其主要原因可能是东南大学是国家 985 学校,学生来源好于工程大的学生,学生自主学习能力较强,而工程大的学生则更偏向依赖于教师的课堂授课。但是不管怎样,这两所学校的学生都已有利用现代信息技术进行外语学习的意识和主动建构知识的要求。

2. 学生关于计算机网络应用于教学的看法

关于学生对计算机网络应用于教学的看法,我们设计了 3 个问题,具体分析如下:

表 2-10 您认为计算机网络学习(可多选):

选项	东大(%)	工程大(%)
形象生动,使课文讲解更加有趣	55	53.33
信息量大,提高了课堂效率	50	51.66
使课堂活动更加丰富多样	43.33	31.66
与传统教学无区别,只是用计算机网络代替了黑板粉笔	10	6.67
其他	0	0

从调查结果来看,半数以上的学生(东大 55%和 50%以及工程大 53.33%和 51.66%)认为把计算机网络应用于外语教学,能

使课堂教学生动有趣,信息量增大,并能提高课堂教学的效率,说明信息技术与外语教学(无论是国家重点或非重点院校)的效率和效果有着密切的关系。同样,这两所学校的学生对信息技术应用于外语教学都持有比较积极的看法,如认为计算机网络应用于外语教学与传统教学无区别的同学分别只占被调查对象的10%(东大)和6.67%(工程大)。

表 2-11 通过计算机网络教授英语,您在课堂上收获:

选项	东大(%)	工程大(%)
很大	3.33	6.67
较大	43.33	30
一般	50	48.33
较小	3.33	5
没有	0	10

表 2-11 的调查结果显示,近半数的学生(东大 50%和工程大 48.33%)认为通过计算机网络学习英语的收获一般,而认为收获很大的只占被调查对象的 3.33%(东大)和 6.67%(工程大),而且几乎有相同比例的学生(东大 3.33%和工程大 5%)认为收获较小;在工程大竟有 10%的被调查同学认为没有收获。至此,表 2-11 的结果显然与表 2-10 所体现的教学效果的结果相矛盾。为此,我们又分别访谈了不少被调查对象,据他们反映:"感觉收获不如想象的那么大,是因为这与我们学校的设备有关,老是出现故障,浪费了许多时间"(工程大同学 A)。"这个主要是因为教学软件设计的不好,与课本内容一样,课后自学效果特别差,不想看"(东大同学 A)。应该说,这两位学生所反映的情况是目前高校一个较为普遍的现象,设备和课件确实极大地影响了教学的实际效果,同时也影响了同学们对待计算机网络英语教学的态度;如表 2-12 所示,两所大学的被调查学生都对计算机网络英语教学

的态度不是非常地积极。

表 2-12　您对计算机网络英语教学的态度是：

选项	东大(%)	工程大(%)
很喜欢	6.67	3.33
喜欢	40	38.33
一般	46.66	48.33
不喜欢	6.67	10
很不喜欢	0	0

很喜欢计算机网络英语教学的只占被调查对象的 6.67%（东大）和 3.33%（工程大），部分学生选择了"喜欢"（东大 40% 和工程大 38.33%）和"一般喜欢"（东大 46.66% 和工程大 48.33%），但是选择这两个选项的学生均没超过半数。

3. 计算机网络的作用和自主学习

关于计算机网络的作用和自主学习，共有 5 个问题：

表 2-13　您希望计算机网络在你们的英语教学中
　　　　　发挥更大的作用吗？

选项	东大(%)	工程大(%)
是	93.33	86.67
不清楚	0	0
否	6.67	13.33

表 2-13 显示，绝大多数的被调查学生（东大 93.33% 和工程大 86.67%）认为计算机网络应该在外语教学中发挥更大的作用，而持否定意见的学生分别占被调查对象的 6.67%（东大）和 13.33%（工程大）。这说明，在学生心目中目前计算机网络在外语教学上的应用还不尽如人意，还存在各种问题。为此，我们也访谈了一些教师和学生："我觉得目前的主要问题是提供给学生

的学习信息还是比较有限,只有课本和一些四、六级考试的内容"(东大教师 A)。"发下来的多媒体光盘我们根本就是不用的,非常浪费,而且学校规定新生不准带电脑进校"(东大学生 B)。"课后在计算机上进行自主学习,没有东西可看,老实说光盘我一次都没看过"(工程大学生 B)。这些问题的存在也从另一个侧面说明,在外语教学中我们确实使用了计算机网络,但没能从与课程整合的层面把计算机网络看成是外语课程的有机组成部分,学生当然会非常渴望它能在教学中发挥更大的作用。

表 2-14 在自主学习中,您主要进行哪方面的英语学习(可多选):

选项	东大(%)	工程大(%)
利用计算机网络完成学习任务	75	29.5
以小组协作方式完成学习任务	6.67	31.66
听力训练	60	6.67
四、六级模拟试题	6.67	48.44
阅读各类英文文章	10	15
与同学或教师在线讨论	0	3.33
通过 email 与同学、教师或外国朋友交流	3.33	6.67
自我评估学习效果	18.33	6.67
其他	0	0

从表 2-14 的统计结果看,东大和工程大学生在利用计算机进行自主学习方面的不同点也是比较明显的。东大学生在利用网络完成学习任务(75%)和听力训练方面(60%)占据了前两位,占被调查对象的绝对多数,而工程大学生所作出的选项较为平均,占据前 3 项的分别是:四、六级模拟试题(48.44%)、以小组协作方式完成学习任务(31.66%)以及利用计算机网络完成学习任务(29.5%)。这说明在学生的自主学习方面,教育部大学英语教学改革试点院校和非试点院校有着明显的差距和不同。这些差距

主要表现在这样两个方面:1)东大作为试点单位,其计算机网络学习系统相对要完善一些,再者学生进校时的整体外语水平较高,通过国家的四、六级考试应该不成问题,然而工程大(非试点高校)的学生进校时的整体外语水平总体上不如东大的学生,要通过四、六级考试应该困难不小。所以,课外的自主学习,东大只有 6.67% 的学生在做四、六级模拟试题,而工程大却有近一半的学生(48.44%)在做模拟试题。2)两校相比,在"利用计算机网络完成学习任务"方面有着明显差距,东大是 75% 而工程大只有 29.5%,原因是东大的计算机网络自主学习中心要比工程大完善得多。这就导致两校学生在利用现代信息技术进行学习的意识会有所不同。

表 2-15 您在采用计算机网络学习后,您的自主学习能力:

选项	东大(%)	工程大(%)
有显著的提高	10	10
有所提高,但不明显	65	56.67
没有变化	21.67	25
下降	3.33	8.33
大幅度降低	0	0

表 2-16 您在采用计算机网络学习后,您对英语学习的兴趣:

选项	东大(%)	工程大(%)
有显著的提高	3.33	8.33
有所提高,但不明显	66.67	60
没有变化	28.33	23.33
下降	1.66	8.33
大幅度降低	0	0

根据表 2-15 和表 2-16 的统计数据,在采用了计算机网络学

习后,认为自主学习能力和英语学习兴趣有所提高的分别占被调查同学的 65% 和 66.67%(东大)以及 56.67% 和 60%(工程大)。有 21.67% 的东大学生和 25% 的工程大的学生认为自主学习能力没有什么变化,认为兴趣方面也没变化的也占被调查学生的 28.33%(东大)和 23.33%(工程大)。另外,值得注意的是认为自主学习能力或兴趣有显著提高的学生比例不是很高,分别占被调查人员的 10% 和 3.33%(东大)以及 10% 和 8.33%(工程大)。这说明至少有半数以上的学生对计算机网络应用于外语教学的效果是认可的,尽管有一定比例的学生认为自己的能力和兴趣没有大的变化。

4. 教师作用与计算机网络英语教学模式

关于教师作用与计算机网络英语教学模式,问卷设计了 4 个问题:

表 2-17 您认为计算机可以替代教师在教学中的作用吗?

选项	东大(%)	工程大(%)
可以	3.33	5
不清楚	0	0
不可以	96.67	95

表 2-18 在教学中,您希望教师在哪些方面发挥更大的作用?(可多选)

选项	东大(%)	工程大(%)
培养学生学习策略	55	66.67
有效组织课堂教学	33.33	51.67
督促学生自主学习,检测学习效果	36.67	41.67
讲解词汇、语法	30	23.33
介绍文化背景、讲解课文篇章结构	28.33	38.33
其他	6.67	1.66

表 2-17 显示,绝大多数学生(东大 96.67%,工程大 95%)认为计算机不可替代教师。这说明教师的角色作用在学生的心目中还是非常重要的,尤其是促进者和组织者的作用更为重要。这在表 2-18 中可得到同样的验证,如在回答教师在哪些方面应发挥更大作用时,选择"培养学生学习策略"(东大 55% 和工程大 66.67%)和"有效组织课堂教学"(东大 33.33% 和工程大 51.67%)的学生比例较大。这说明学生已有主动建构知识的意识和愿望,需要教师给予一定的学习策略上的指导和帮助,而不满足于教师讲学生听的局面。因此,选择"讲解词汇、语法"的学生(东大 30% 和工程大 23.33%)比例相对较少。同时,也说明尽管学生认同教师作用的重要性,但对教师作用的选择呈分散状态,学生对教师的要求不再只是传统的单一的传授知识的作用,而是转向多样化的要求,学生对教师角色转变的期望值变得更高。

表 2-19　您认为你们目前的教学模式是:

选项	东大(%)	工程大(%)
以教师为中心,侧重培养应试能力	15	30
以学生为中心,侧重培养英语运用能力	25	20
以教师为主导,学生为主体	60	50
其他	0	0

表 2-20　您对目前教学模式的态度是:

选项	东大(%)	工程大(%)
非常喜欢	3.33	0
喜欢	60	33.33
一般	36.67	61.67
不喜欢	0	5
非常不喜欢	0	0

从表 2-19、2-20 的调查结果来看,东大的大多数学生(60%)

和工程大的半数学生(50%)认为他们目前的教学模式是"以教师为主导,学生为主体"的教学模式。认为目前的教学模式是以教师为中心的模式或以学生为中心的模式的学生分别为15%和25%(东大)以及30%和20%(工程大)。东大学生对目前教学模式表示喜欢或一般喜欢的分别是60%和36.67%,而工程大学生分别是33.33%和61.67%。应该说这两所学校的学生对教学模式喜欢的比例是比较高的。这些数据说明,计算机网络进入外语教学领域后所引起的外语教学模式的变化,已逐步得到了学生的认可。

综上分析,我们认为尽管课堂观察和学生调查的样本不大,但是我们还是可以得出这样几个结论:1)在目前的大学英语教学中,高校越来越倾向于把计算机网络应用于课堂教学,但是计算机只是一种辅助工具,其全面功能在教学上仍未得到充分的发挥和利用;2)以计算机网络为核心的现代信息技术能够提高外语教学的效果与效率,但是提高的幅度并不十分明显;3)在计算机网络全面地应用于我们的英语教学时,学生对教师作用的期望值更高;4)学生普遍较为认可"教师主导-学生主体"的教学模式,但是在基于计算机进行自主学习方面,学生似乎做得还不够并呈多样化趋势,主要原因是教学资源的缺乏和设备建设的不到位。这就是目前我国高校中计算机与外语教学的现状。毫无疑问,目前的这种教学现状不能有助于大学英语教学改革,不能有助于"基于计算机与课堂英语教学模式"的有效实施,更不能有助于计算机网络与外语课程真正有效地整合。有鉴于此,我们认为要改变现状,首先应改变观念,改变人们对计算机与外语教学的传统看法,同时要了解计算机应用于外语教学的新观念。

第三节　计算机应用于外语教学的新观念

按照传统的看法,CALL,计算机辅助语言学习,突出的就是其辅助的功能。当然,这种观念在国内引入 CALL 的最初几年是可以接受和理解的,毕竟当时计算机的性能、技术和应用领域都十分有限(谷志忠,2007:2)。但是经过 20 多年的发展之后,计算机的硬件性能、软件的技术支持以及网络通信技术的发展可以说是远远超出人们的想象,计算机在教学当中所起的作用早已不仅仅只是一个可有可无的"辅助工具"。"单靠计算机辅助教学是远远不够的,因为计算机辅助大大地削弱了计算机本身的功能和作用,不能从根本上有助于创设一个理想的外语学习环境"(陈坚林,2004b:47)。尽管计算机不会成为任何一门课程的中心,但几乎会在所有课程当中起到一定的作用。因此,关于计算机的功能和作用,应该要用动态发展的眼光予以重新审视。近年来,就计算机与外语教学的关系而言,除了计算机辅助教学的观点外,还有这样几种新观点,颇引人深思。

一、计算机主导教学

第一种观点(陈坚林,2005a)认为,随着计算机科学日新月异的发展,计算机在外语教学上的作用已经远远超出其辅助的功能。计算机已经从辅助的角色逐渐走向了教学的前台,也就是说走向教学的主导地位。这一观点主要基于这样三个方面:1)计算机辅助外语教学是指教师借助于计算机的某些功能(或让计算机分担部分教学工作)来改进教学手段,提高教学效果。换言之,计算机辅助的对象是教学人员,而计算机的功能必须通过教学人员的操作才能得以发挥。如果说最初的计算机辅助作用主要体现在"改善教学过程的手段和方法,以及增强教师的教学能力"上。

(Jonassen,1996),那么 20 世纪 90 年代以后,由于出现了数字化技术和信息网络技术,计算机的功能发展进入了非常高级的尖端时代,在教学上再也不是仅仅辅助教师改进教学手段的问题,而是能够全方位、立体式地提高教学效果。可以说,在教学领域里,计算机的功能(拟人或拟物)更加全面而完善,以前很难实现的教学效果现在都能通过计算机得以完美实现。许多高科技成果都蕴涵于计算机功能之中,使外语的教与学的过程发生了前所未有的深刻变化。2)计算机三大关键技术,即人工智能技术、数字化技术、信息网络技术得到了飞速的发展。人工智能技术使计算机的功能智能化,智能化也就意味着计算机可以进行拟人思维,可以在教学上扮演人的角色。从此意义上说,人工智能技术的发展为计算机从辅助走向主导奠定了基础。数字化技术的发展使计算机信息储存量加大,信息传送速度加快,而且信息在传输中会十分稳定。在信息传递上,书本、黑板被更具形象化的声音、影像、图片所替代,而这些都与数字化技术的发展有着密切的关系,数字化使计算机主导教学成为可能。信息网络技术使当今的数字化信息网络做到了"天网"(如数字卫星通讯系统、移动数字通讯系统)与"地网"(因特网及其他网络)合一,既相互独立又优势互补。网络化的主要优势是覆盖面广、资源广泛共享、超越时空限制、多向互动和便于合作。信息网络技术使学习过程的互动性和自主性完全成为现实。3)在外语学习领域中,学习者与计算机实际已经形成了一个人机社会,如下表所示:

表 2-21 人机对比关系

计算机技术发展	计算机	使用者
大型机	一机	多人
PC 机	一机	一人
网络	多机	多人

第三节 计算机应用于外语教学的新观念

在这人机社会中,我们可以看到这样的人机对应关系:早年大型计算机应用于外语教学领域,由于机用昂贵,只能利用分时办法使许多学习者共用一台计算机,通过硬件资源共享达到经济性,学习者和计算机形成"多人·一机"对应关系;当 PC 机出现后,机用已不再昂贵,可以做到学习者独用一台计算机,人机形成"一人·一机"对应关系;自从出现了网络(智能化、数字化)以后,许多学习者可同时上网操作,共享许多联网计算机的硬件、软件以及信息资源,人机变为"多人·多机"的对应关系。实际上,现在的学习者可以拥有多台微型计算机,它们通过无线联网,任何人可以在任何地方、任何时候获取所需要的任何学习内容。每个学习者可以按需学习,计算机主导我们外语教学的雏形已初步形成,见下图:

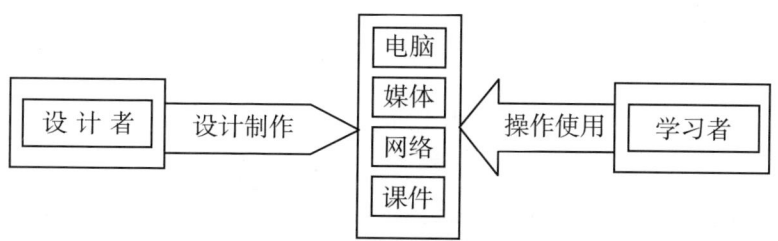

图 2-1　计算机主导模式

在计算机主导模式下,计算机与学习者的关系变成了多重性关系。计算机既可以作为教师,也可以作为学员,如下图所示:

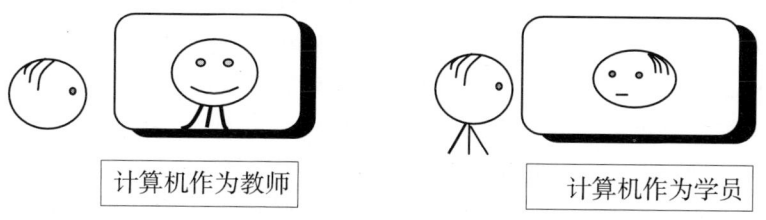

图 2-2　计算机作为教师和学员

此外,主导模式可以让计算机充当教师和学习伙伴,也可以让计算机充当学习者的同学,与学习者互动合作学习,如图3所示:

图 2-3　计算机作为伙伴和同学

总之,主导模式下的计算机在外语教学中能够扮演多种角色,使外语教学真正做到了虚拟化、个性化、广泛化、随时化、合作化和自然化。

二、计算机使用正常化

第二种观点(Stephen Bax,2000,2003)认为,计算机在外语教学中的使用应该达到"正常化"(normalization)。何谓"正常化"?"CALL 正常化(normalization of CALL)"的概念最早是由 Bax(2000:208—219)在《给技术以恰当的定位》一文中提出。他认为CALL 的终极目标是实现 CALL 的正常化,即"教师和学生都把技术只看作是众多学习资源的一种,教师不仅对现有资源很熟悉,也了解技术本身固有的局限,知道技术能做什么,不能做什么,并在恰当的时候利用或避开技术来引导学习者的学习活动。"此后,Bax(2003:23)在《CALL——历史、现在和未来》一文中进一步阐释了正常化的观点,认为正常化就是一种状态,即计算机已完全融入人们的日常生活当中,教师和学生都不再把计算机当作专门的技术来看待,而只是日常教学活动的一个有机组成部分。就像我们现在使用的笔和书本一样,是再自然不过的一件事情,既不会引起特别的关注,也不会夸大它的作用。他认为直到有一天我们不再说 CALL(计算机辅助语言教学),就好像我们现在不会去说钢笔辅助语言教学(PALL,Pen-Assisted Language Learning)、书本辅助语言教学(BALL,Book-Assisted Language Learning)一样,计算机才真正融入教与学之中,才能真正发挥其应有的作用,才真正到了"正常化"的阶段。当然,Bax(2003:24—25)也认为,计算机应用的"正常化"(normalization)不可能一蹴而就,一般需要经过以下七个阶段:

早期使用:少数教师和学校出于好奇采用计算机进行教学;

怀疑/观望:大多数人仍然持怀疑/观望态度;

尝试:有的人试了一次就不用了,因为发现问题太多,且没有什么价值,好像并没有增加任何"相对优势";

再次尝试:别人告诉他们说计算机教学确实有用,于是他们再次尝试,发现确实有相对优势;

担心/敬畏心理:更多的人开始使用,但仍有担心,有的时候又期望太高;

开始正常化:逐渐将计算机教学看作日常需要;

正常化:计算机教学完全融入我们的生活,人们习以为常,达到"正常化"。

为了进一步了解实现计算机使用正常化所面临的具体困难,Andrea Chambers 和 Stephen Bax(2006)曾对英格兰东南部两所学校进行了实地调查,认为影响目前 CALL 正常化主要有后勤保障、利益各方对 CALL 的认识、教学大纲和软件的整合以及师资培训、提高和支持等四个方面的因素。很显然,要实现正常化,后勤保障是最基本的,需要从机房位置、上机安排、教室布局、保证备课时间等几个方面考虑。比如说,不要将用于教学的计算机与教室分开设置,教室布局既要方便利用计算机开展学习活动,也要适宜进行一般的教学活动,以及给教师预留充足的时间准备、设计教学活动等。其次,利益各方对 CALL 的担心、期望和误解,以及如何做好对 CALL 的监督和评估也很重要。教师和管理人员都应该了解和熟练使用计算机,认同计算机能促进教学,避免技术唯一论,并要充分意识到,决定 CALL 成败的不是硬件、软件或者任何其他某一种因素,而是教室当中相互关联的诸多因素。此外,要把 CALL 整合进教学大纲并给教师提供必要的支持,在网络内容的设计以及内容与相应软件的整合时,就应充分考虑到如何授权允许教师根据课堂实际需要改进 CALL 活动,以便更好地适应大纲的教学目标。最后,加强对教师信息技术、技能、教学方法的培训,培训应尽量以协作的方式进行,避免"自上而下"、"专家—新手"的培训模式,并在需要时为教师提供足够的技术支持。

上述两种观点说明,我们不能以传统的观念来看待计算机的功能,而应该以动态发展的眼光重新审视计算机与外语教学的关系。特别是"基于计算机与课堂的英语教学模式"强调的就是计算机网络与外语课程的有机整合,这与计算机辅助教学有着本质的区别。当然,计算机主导教学的观点似乎较为激进,因为"主导"意味着对教学的完全掌控力和导向力,但是计算机毕竟不是人,还不可能具有人类特有的内在情感和对事物变化的完全掌控能力。所以说"主导"只是与"辅助"相对而言,表明计算机功能在外语教学上的一个发展趋势。CALL 的"正常化"观点主要表达的是计算机应用于外语教学之中的一种状态,但绝不是一种辅助的状态,而是要使计算机成为日常教学的一个自然部分,这与计算机网络与外语课程整合的理念不谋而合。当然,就目前大学英语的教学现状而言,要使 CALL 应用达到"正常化"还有相当长的路要走。为此,谷志忠(2007)经过调查,并对照 Bax(2003)归纳的"正常化"七个阶段后,提出要在我国高校中使计算机在外语教学中实现"正常化",需要做好三"件"事,即硬件(hardware)、软件

(software)和人件(humanware)。

三、硬件、软件、人件

首先是硬件建设。一般多媒体教室安装的主要设备有：台式计算机、视频展示台、液晶投影机、电动银幕、DVD影碟机、录像机、音频功率放大器、话筒和音箱等等，设施高级一些的多媒体教室可能还会配备数码互动白板。将这些教学设备连接起来，就构成了教师课堂教学多媒体教学设备系统。其中计算机是多媒体教室的核心，是教师运用多媒体软件及演示相关教学课件的主要设备。一般来讲，我们的教师都非常喜欢运用计算机多媒体，一方面是因为多媒体设备极大地丰富了他们的教学手段，能给学生创设轻松愉快的学习氛围，从而大大降低他们的学习情感焦虑，让学生在自然的状态下习得语言；另一方面是因为这些图文并茂、生动形象的多维立体信息可以强化信息刺激，增加信息输入量，充分调动和激发学生的学习兴趣，提高单位时间内教与学的效率。但是，目前很多高校由于资金短缺，多媒体教室计算机数量严重不足，硬件配置偏低，而且还存在多媒体设备连接复杂、操作程序繁琐、设备管理维护滞后等诸多问题，以致在教学过程中经常出现计算机死机、投影机不显示、数码互动白板无反应、音箱没声音或者话筒鸣叫声太大等技术故障，严重影响了教学质量、师生情绪和学习效果。当然，多媒体教室的硬件建设绝不是一朝一夕的事情，它需随着信息技术的发展不断地投入、更新和完善。因此，主管部门千万不能抱有一劳永逸的思想，以为采购完硬件设备、安装调试完毕就万事大吉了，还必须要指派专业人员对硬件设备进行定期的维护、检修和更新，并确保多媒体教室所有设备放置合理、连接方便、操作容易，避免因硬件质量太差给教师带来多媒体应用的技术问题，进而影响多媒体课堂教学，甚至教师运用技术的信心。

其次是软件建设。从目前大学英语教学改革的情况来看,英语教学是否成功,在很大程度上取决于教学软件。马俊波(2003:57)认为,"计算机辅助外语教学若只有硬件而没有软件,那么硬件设备也只是一堆废铁,所以软件的开发比硬件更重要"。目前国内各高校使用的英语软件大都由出版社统一开发制作,存在着诸多不足和缺陷。首先,由于计算机软件公司开发人员因自身知识结构的局限性,开发的软件往往与实际的教学需求存在一定的差距,达不到预期的教学效果;其次,部分教学软件信息量超载,只是将各种信息与多媒体素材简单罗列拼凑,缺乏一定的系统性和科学性;第三,部分软件装饰性太强,过多使用了图片、声音和动画等文件,分散了学生的注意力,导致学习主题不够鲜明和突出,影响了学习效果;最后,部分软件交互性和兼容性很差,且不具有可编辑性,不利于教师"二次加工"来满足不同层次学生的需要。因此,卫岭(2002)认为,多媒体英语教学软件设计尤其要强调五个原则:1)适应性。设计的英语多媒体教学软件的使用界面必须是直观的,并易于使用。2)趣味性。将抽象的、枯燥的学习内容以图文并茂、动静结合、可听可看的方式呈现给学生,在直观形象的场景中建构自己的知识体系。3)激励性。多媒体电脑的交互性和智能化可以帮助学生克服害羞的缺点,从而增加学习的积极性。4)交互性。要充分发挥计算机与人的交互性,利用多媒体电脑帮助学生修正自身语音、词法、句法甚至习惯用语的错误。5)渐进性。教学软件所设计的教学难度应是不断提高的,并能自动跟踪学生的学习进度,发现学生的学习困难,自动给予帮助。教学软件的制作是一项纷繁复杂的工程,单凭一个人或几个人的力量是远远不够的。比较理想的是由教学一线的教师、教育学专家以及计算机软件开发人员共同参与到软件的策划、设计、开发和制作的整个过程中,并通过分工协作共同来完成。教学一线的教师负责各种文本、图像、动画和影音视频学习材料的收集、整理和筛选;教育学专家从教学法和认知学的角度设计内容安排,确保知识结构安排合理,内容难易适中,符合循序渐进的认知规律;而软件开发工程师则负责运用各种技术手段,优化组合教师筛选的各种文本、图像、动画和影音视频学习资源,将教师和专家的设想变为现实。

相比硬、软件建设,人件建设(主要是指对教师的培训)是三"件"事中最重要的,因为任何教育技术的推广运用,教师的参与程度实际上是影响成功与否的决定性因素。英特尔公司首席执行官 Craig Barrett 博士在"英特尔未来教育"培训过程中就曾多次明确强调教师掌握信息技术的重要性和紧迫性。他说:"如果教师不了解如何更加有效地运用技术,所有与教育有关的技术都将没有任何实际意义。计算机并不是什么神奇的魔法,而教师才是真正的魔术师"。谷志忠(2007)也强调,在信息技术发展日新月异的今天,我们应强化硬件、软件和人件三个方面的建设,尤其是人件的建设。从我国目前的 CALL 教学现状来看,人的因素已经成为制约计算机多媒体教学的发展、普及和实现"正常化"的瓶颈,人件的建设已是刻不容缓。目前的培训模式主要有:核心培训模式,即以中青年教师为主体,再由他们带动其他教师逐步提高在教学中使用信息技术的能力;校本培训模式,结合本校实际有针对性地选择培训内容,减少"工学矛盾";整合培训模式,即将信息技术的培训与教学思想以及学科知识的培训有机地整合在一起,提高教学的有效性。曹卫真(2000)则把现代教育技术培训内容分为了现代教育基本理论、常规教学媒体的使用与开发、教学设计理论与方法、多媒体计算机使用及课件编制和多媒体计算机网络五个模块,以帮助教师系统掌握现代信息技术技能,提高他们的 CALL 教学能力。我们相信,只要我们的教师不断学习并更新自己的知识结构,掌握必要的软、硬件知识,实现计算机多媒体教学的"正常化"将指日可待。

至此,我们应该对计算机与外语教学的关系有了一个新的认识。可以说,计算机网络环境下的外语教学,更加注重计算机超强功能的发挥和利用,强调的是计算机网络的使用"常态化"以及与课程的有机整合。

第四节 计算机网络与外语课程的整合

计算机网络与外语课程整合在本质上有别于计算机辅助教学:计算机辅助教学突出的是辅助的功能,即辅助教师提高教学的效果,而计算机与课程整合后,将成为整个课程系统的一个有机组成部分。因此,计算机网络与课程整合从根本上改变了课程的本质,主要体现在三个方面:打破了"课堂+课本"的局限、创建理想的教与学的环境和方式、教学结构发生根本变化。

一、打破了"课堂+课本"的局限

计算机辅助教学实际上还是以课堂和课本为基础,也就是说课本是学生知识的唯一来源,如图 2-4 所示:

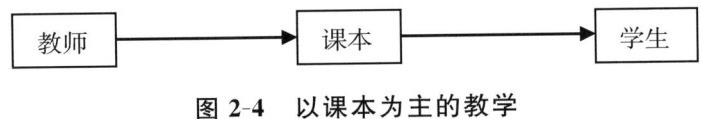

图 2-4 以课本为主的教学

教师、课本、学生三者的关系为:教师主宰课堂,并通过对课本的利用、分析和解释向学生传输知识,课本只是教师和学生沟通的一个媒介,学生通过教师对课本的分析和解释从中学习(接受)知识。这种模式的本质特征是教师主导教学,学生完全处于被动的地位,成为被"灌输"知识的对象。即使教师利用计算机作为教学的辅助工具,如图 2-5 所示,教师也只是通过计算机的演示或讲解传授课本知识于学生,计算机只是增强了教学效果和手段,"课堂＋课本"的传统教学形式以及课本是学生唯一知识来源的局面未被打破。

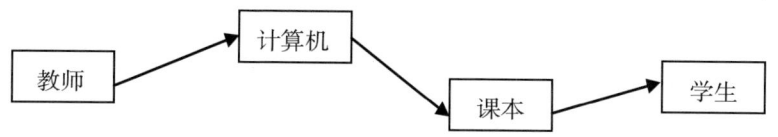

图 2-5　传统的计算机辅助教学

然而,计算机网络与课程整合能够改变这种局面,因为教学的框架发生了根本的变化,如图 2-6 所示：

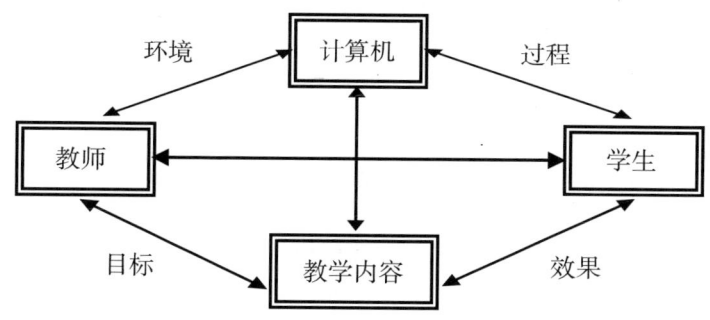

图 2-6　计算机与外语课程整合框架

就教学要素而言,教师、学生、计算机以及教学内容之间的关系都不是单向性的,而是双向的相互联系、相互作用、相互依存、相互转换的关系。在此计算机与课程整合的框架中,教师的作用发生了根本的变化,他们再也不是课堂教学的中心;学生由被动的知识接受者变为知识的主动建构者;学生的知识来源也随之由单一的课本纸质媒介扩大为众多的媒介,如图 2-7 所示：

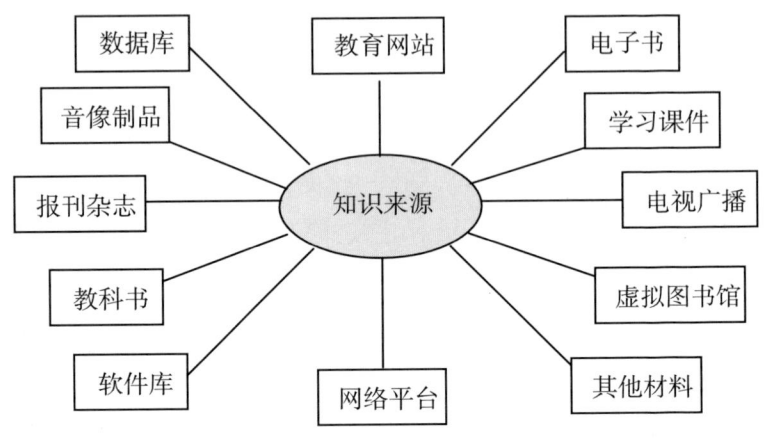

图 2-7 知识来源

由此可见,在整个学习过程中,学生可接触的知识已远远超出课本的范围,他们可以通过许多途径进行有意义的、主动的知识构建。

二、创建理想的教与学的环境和方式

计算机网络与外语课程整合有利于创设理想的教与学的环境和方式。这种理想环境的创设得益于计算机网络技术的飞跃发展(陈坚林,2005),为以学生为中心的学习创造了条件。

理想的外语教学环境,从外语交际理论的角度来看,是一种以学生为中心的学习环境。以学生为中心的学习环境主要基于这样三个基本假设(Morrison & Lowther,2005):首先,以学生为中心的学习强调对人类世界的理解,而不是简单模仿(机械的记忆)内容。理解是学习者改造和转换信息的结果(Gardner,1991),理解人类世界要求学生主动加工和处理信息。第二,以学生为中心的学习强调学生应努力削减已知领域与未知领域之间的差异,这种差异所造成的学生认知失调是建立新的理解,以解决差异的激发因素(Brooks & Brooks,1993)。第三,以学生为中心的学习强调协作学习和对个人理解的评价，以使个人的知识得到细化。学生借助其他学生来检验自己的理解，并审视他人的理解水平。这就为学生通过个体评价和认知理解提供了一个良好的知识创新构建的条件和环境。基于这三个假设，理想的以学生为中心的教学环境应该包含情景化学习、合作化学习以及开放式学习等三个要素：

1. 情景化学习

传统的课本和教学将学习从情景中分离出来。这种方法的有效性和恰当性一直受到教育家们的质疑（Brown, Collins & Duguid, 1989）。例如，常见的一些外语教科书是这样编写的：课文主题是关于银行方面的内容，如开户、储蓄、兑换、销户等方面，每一方面都可能有一段示范性对话。课堂上，教师将讲解对话，学生模仿操练。这种教学较为抽象，没有给学生提供有意义的情景。然而，计算机网络与外语课程整合后，像这种关于银行主题的内容我们完全可以在计算机网络上创造出一个拟真的银行环境，学生可以进入这个虚拟真实的环境学习关于开户、储蓄、兑换、销户等方面的真实的语言，真正满足了学生在听说交际能力培养上的需求。

2. 合作化学习

在以学生为中心的教学环境中，师生间和学生间比以往更需要合作。整合后的教学结构再也无法接受教师作为孤立的决策者的观念。教师和学生都应成为团队的一员，具有更强的适应性，并能有效地与其他人进行交流和探讨。教师不仅要在自己的工作中成为合作的榜样，还要在教学过程中促进学生之间的合作，培养他们在合作中学会外语交际的能力。在合作化学习中，教师应学会将小组学习融合进他们的教学活动中，但是也要明白不是所有小组学习都意味着合作化学习。因此，区分促进合作和社会技能发展的教学特征与传统小组学习的特征（Morrison & Lowther, 2005）就显得十分重要：

表 2-22　合作小组和传统小组对比

合作小组	传统小组
异质的	同质的
强调社会技能 强调任务和小组维护	设定社会技能 只强调任务
教师观察和促进 共享领导权和责任	教师忽视小组功能 单一领导和个人负责
互助	没有互助

由此可见，合作小组学习和一般的传统小组学习在本质上有很大的不同，这就要求教师和学生的传统角色都要有根本的转变。只有计算机网络与课程进行整合，使其成为课程的有机组成部分，这种角色的转变才有可能。

3. 开放式学习

这种学习环境通常要求学生通过接触、改造、转换新的信息来解决问题，并以此达到新的理解。这种开放式学习环境主要基于两种方法：探究式学习（inquiry learning）和任务式学习（task-based learning）。

探究式学习要求学生通过搜寻相关信息，发现新概念（如分类）和原概念（如原理）之间的关系（Brunner，1960），并鼓励学生提问和寻找答案。不少专家的研究（Greeno，Collins & Resnick，1996；Edelson，Gordin & Pea，1999）表明探究式学习因采用真实项目和拟真情景，能够有效地促进学习和知识建构。根据 Barrows(1985)的描述，探究式学习首先给学生提供问题，然后他们开始进行资料研究。学生必须独立或共同思考他们了解什么以及为解决问题他们需要学习什么。通过确定他们所需的知识，学生能够建立起以问题解决的方法而不是课本上呈现的传统主题方法为基础的知识结构。与探究式学习相似，任务式学习也是注重为学习者提供真实的情景，以解决现实社会中真实问题的各种任务为基础，激励学生学习可用于完成任务的新知识和新信息。无论是探究式学习还是任务式学习,都具有开放式学习的特征,重点是关注学习者,让学生自己决定需要什么信息以及应该运用什么方法解决问题。这与传统教学的区别在于:传统教学是通过讲授来选定和传递内容,开放式教学不选定内容,而是让学生自己根据需要而定。开放式学习环境要求教师采用新的方法,教师作为促进者和指导者帮助学生理解材料,并提供必要的"支架"(scaffold)。

在这理想的教学环境中,学生可以把计算机网络看成是认知探究的工具(学生把计算机作为获取、分析、加工、利用、评价信息的工具)、情感激励的工具(学生把计算机作为激励动机与陶冶情操的工具)以及协作交流的工具(学生把计算机作为协作交流、促进意义建构的工具)。

三、教学结构发生根本变化

计算机网络与外语课程整合不仅可以创设理想的教学环境,更重要的是使教学结构体系发生了根本的变化。传统的以"教"为中心的教学结构转变为"学教"并重的教学结构,即"教师主导－学生主体"的教学结构,见下图(余胜泉、吴娟,2005:64):

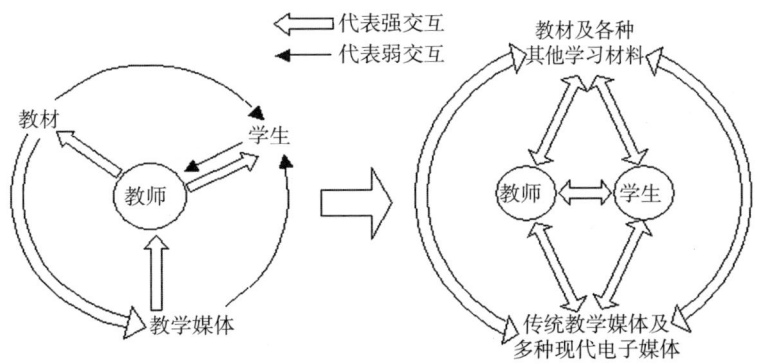

图 2-8　教师中心教学结构　　图 2-9　主导－主体教学结构

1. 教师主导主要体现在作用上

在这种教学结构中,教师要改变其传统意义上的作用,必须对教学结构的改变有一个全新的认识。为此,教师首先需要体验如何利用计算机的优势去获取新知识。众所周知,在我国多少年来,我们的外语教学都是在传统的课堂上进行的。在这样的环境中,总是教师讲解,学生听讲或做笔记。课堂活动无非是问题解答、要点练习、检查测试等。然而,主导-主体教学结构要求将计算机作为一个有机部分整合于我们的外语教学之中,教师基本上没有可以借鉴的经验。而在新教学结构中,教师又必须让学生利用计算机网络来建构或获取新知识,因此他们自己首先得体验一下这种学习活动的过程。这种体验不仅有助于教师了解计算机的优势以及学生在学习活动中可能会遇到的问题和挫折,而且还有助于教师进行目标明确、结构合理的设计工作。其次,教师需要利用他们所了解的关于学生学习的知识和关于计算机功能的知识,去设计、管理、维护以学生为中心的、多维的学习环境。教师有了计算机和课程整合的教学体验后,就能利用计算机的优势,结合学生的学习特点设计和创造整合课程的学习环境。教师担当起了设计者的角色,对课程的每一个方面都给予精心的考虑和安排,以支持和促进学生有意义的学习。同时,教师还需要担当起学习促进者的角色。在传统课堂上,教师为学生提供的是学习内容,主要形式是教师讲、学生听。然而,学习促进者的角色与此完全不同,教师再也不是一个简单的讲解者,而是要提供给学生一个资源丰富的学习环境,指导学生进入其中开展学习活动。在这个学习环境中,学生通过合作开展学习活动或共同解决问题。作为学习的促进者,教师在学习过程中可以及时了解学习进展,以问题激发学生思考并通过思考进行决策。教师的促进作用还体现在为学生的学习活动过程提供示范或描述解决问题的步骤等。教师的促进作用能够保证学生在学习过程中得到必要的学习支架或学习补救,以便顺利地完成学习任务(Vygotsky,1978)。此外,教师还需要充当管理者的角色,协调完善整合的教学过程。课堂学习活动的管理不仅仅在于设计,更需要在真实的教学环境中进行真实的课堂管理。一般情况下,在课程的设计中,教师不可能把学习活动中的各种细节都考虑周全,许多问题都有可能突然出现,这就要求教师做出相应的协调和处理,这就是教师的管理者角色。

2. 学生主体主要体现在"以学生为中心"的学习方法上

在主导—主体教学结构中,学生作为"被灌输"者的形象将得到改变,在学习活动中将变得更主动、更积极。首先,学生将更为积极地投入到学习活动中去。在具体教学上,学生不再总是边静听教师讲解边做笔记,也不再总是有局限性地回答课本上的问题。学生在此教学结构中所需要做的是投入到学习环境中去,通常是以小组为单位,利用真实生活中的资源(通常以计算机网络提供的为主)设法解决问题或完成任务。这种学习过程强调通过与同伴的合作以及积极地投入讨论将知识应用到实践中去,从而使所学知识得到充分而有效的深化。其次,学生担当起研究者的角色。计算机和课程整合所采用的探究式学习方式,要求学生以研究者的角色投入到学习中去。此教学结构提供给学生的,不仅仅是需要学习的信息,更重要的是需要学生带着问题和任务去调查和研究情景。在调查和研究的过程中,学生进行有意义的知识构建,学到相关的知识,包括语言结构、文化背景、交际功能、应用能力等。另外,学生还要成为一个计算机技术的熟练操作者。熟练的技术操作是指:一方面,熟练应用外语学习中常用的技术工具,例如文字处理、电子表格、数据库、网络浏览、电子邮件以及多媒体演示等;一方面,了解并熟悉计算机的应用功能,也就是说了解并熟悉在何种情况下采用何种适当的技术功能。因为当学生的能力与计算机的功能相匹配时,计算机就可以达到延伸学生能力的效果。这样学生就有更多的时间和精力去发现与创造新的、有意义的知识学习与构建。因此,只有形成以学生为中心的教学结构,计算机网络才能真正成为学生学习过程中必不可少的有机组成部分。

通过上述的分析和讨论,我们应该对计算机与外语教学的关系有了较为深刻而明确的理解与认识:首先,计算机可以非常有效地提高教与学的效果与效率;其次,在计算机技术高度发展的今天,只是把计算机作为提高教学效率的辅助工具未免要求太低,也不符合时代发展的需要和当前大学英语教学改革的要求;第三,要真正把计算机高效地应用于外语教学,使其充分发挥强大的功能,计算机必须与课程整合起来,使其成为课程的有机组成部分,这就是计算机与外语教学关系的本质所在。

第五节 小结

关于计算机与外语教学的关系,人们总会很自然地想到计算机辅助外语教学或其英文名称的缩写 CALL,总会突出计算机的辅助功能。然而,随着计算机科学日新月异的发展,我们应该要对计算机在外语教学上的作用有一个新的认识。要阐述计算机与外语教学的关系,首先要了解技术与教学的发展轨迹。技术应用于教学最早可以追溯到 17 至 18 世纪夸美纽斯和裴斯泰洛齐等人倡导的直观教育,即采用图片、实物、模型等直观教具来辅助教学。随着科学技术的发展,出现了许多机械的和电动的信息传播媒体,如照相机、幻灯机和无声电影等。由于这些媒体在教学上可以提供生动的视觉形象,于是就产生了"视觉教育"的概念。此后,随着技术在教学上功能的发展,相继产生了"视听教育"理论和传播学理论。70 年代中期,微型计算机问世并应用于教学。

第五节 小结

计算机自80年代后在学校的普及呈现快速增长的趋势。90年代以后,由于出现了数字化技术以及信息和网络技术,计算机的发展进入了尖端时代,在教学上的作用再也不是仅仅辅助教师改进教学的一个手段,而是一个能够全方位、立体式地提高教学效果的有效工具。关于计算机在外语教学中的应用现状,我们在各地高校做了调查,并做了不少实地考察工作。经过观察和对数据的对比分析,我们发现在目前的大学英语教学中计算机的功能发挥还相当有限,只是被用作教学的辅助工具。在计算机技术高度发展的今天,计算机与外语教学的关系还仅仅维持在辅助的作用上,远远满足不了外语教学快速发展的需要,更达不到大学英语教学改革的要求。因此,人们应该以动态发展的眼光重新审视计算机的功能以及它与外语教学的关系,于是就产生了两种观点:一种观点认为,随着计算机三大关键技术(人工智能技术、数字技术和信息网络技术)的发展,计算机已开始走向教学的前台,可以主导教学。另一种观点认为,计算机在教学上的使用应该"正常化",就像我们学习要用笔和书一样,应使计算机完全融入人们的学习之中。要使计算机的应用正常化,我们必须要做好三"件"事,即硬件的环境条件、软件的设计开发以及人员(人"件")的有效培训。这两种观点表明,信息技术日新月异的发展已使计算机的功能得到了超越式的发展,因此不能再把它仅仅看作是一种辅助的工具。要充分发挥计算机的强大功能,我们应该改变观念,把计算机网络与外语课程进行全面的整合,使计算机成为课程的有机组成部分,成为整个教学系统的要素之一。这就是计算机与外语教学关系的本质所在。这种关系将打破"课堂+课本"的局限,同时能够利用超越式发展的计算机技术创设理想的外语教学环境,从而在根本上改变现有的教学结构,最终有助于促进学生综合语言运用能力的提高。

第三章

计算机网络环境下的外语教学模式

如第二章所述,"基于计算机和课堂的英语教学模式"将传统的以阅读理解为主,教师讲、学生听的教学模式转变为以听说为主,课堂综合运用的个性化、主动式学习模式,强调的是以学生为中心的自主学习。本章将重点探讨这一新模式的一些理论和实践问题,包括模式的本质特性与理论内涵、模式的实施情况、教师中心与学生中心论以及信息化教学模式的特征与应用原则。

第一节 教学模式的本质特性与理论内涵

要探讨教学模式的本质特性,我们首先要知道什么是教学模式?所谓教学模式是指在相关教学理论与实践框架指导下,为达成一定的教学目标而构建的教学活动结构和教学方式。它是将相关教学理论转化为具体教学活动结构和操作程序的中介,是将相关教学理论与实践框架同具体教学情景相结合的结果。因此,教学模式一般说来有以下本质特性（钟志贤,2006:4）:1)教学模式是对教学活动方式的抽象概括,源于教学活动经验。成熟的教学模式的基本结构相对稳定,但不等于公式,一成不变,而是一个开放的、不断完善的动态系统。2)教学模式是各要素及其相互关系结构化的、简约化的表达方式。教学模式是对理论基础、目标、条件、策略、方法和评价的有机整合,是对教学的空间关系和时间关系的系统概括。在空间上表现为多要素的相互作用方式,在时间上表现为操作的过程和顺序。3)在一定的范围内,教学模式具有一定的代表性和示范性。任何教学模式都具有一定的适用范围,有其独特的运作条件和系统的策略方法。由于其形象具体的表征、开放性的动态结构和可操作性的特点,它具有启示、借鉴、模仿、迁移、转换的价值。

  上述三个方面只是教学模式所普遍具有的特征。而"基于计算机与课堂的英语教学模式"除了这三方面的特征外,还具有信息技术应用与融合的特征。正是由于计算机网络等信息技术运用于教学,新模式与传统教学模式才有了许多本质的不同:传统模式侧重教师的教,即以教师为中心,强调通过教师的最佳教学收到最佳效果;而新的教学模式是一种超文本化的整体教学,强调的是课堂教学和自主学习的结合,通过现代信息技术而传播的声音、图像、文字、动画的立体式教学,使得教与学变得形象而生动,把教师的教学过程和学生的学习过程融为一体,促使教师对教学的构想产生创意,促进教学过程发生根本变化,形成教师、学生、内容及媒体的重新组合从而促进学习,提高实际教学效果。因此,信息技术的运用使得新模式具有更加鲜明的本质特性,即"个性化"、"自主学习"以及"超文本化"（陈坚林,2004b:47）。"个性化"就是教与学要有特色,要充分体现网络化、多媒体教学的优势和功能,具体是指学生应根据自己的实际情况或兴趣爱好有选择地进行有效学习,教师也可以通过多媒体独特的功能进行富有个性的创造性教学，促进学生多元智能的发展。"自主学习"实际就是已在外语界形成共识的"以学生为中心"的教学理念，通过计算机网络，学生之间进行"协作"或"互动"，为同一目标而学习，使学习"不受时间和地点的限制"。换言之，学生可以根据自己的特点、水平、时间，选择合适的学习内容，借助计算机网络，提高英语综合应用能力，达到最佳学习效果。"超文本化"是新模式的关键内容，英文为 hypertextualization，该词在 2001 年版的《牛津当代英语词典》的词根是 hypertext，词义为：（计算机用语）一种软件系统，用户可以在相关文件或文本章节之间快速移动。"超文本学习"（hypertextual learning）是与"计算机辅助语言学习"相对被提出来，指的是"网络学习，多媒体或超媒体"。原因是随着信息技术的飞速发展，计算机不再仅仅扮演一个辅助的角色。尽管新模式的本质特性与网络教学密不可分，强调的是网络化自主学习教学模式。但新模式更注重教师主导与学生主体的教学形式。教师的主导作用主要体现在外语教学上，教师不但要在课堂教学中向学生进行面授，而且还要在学生网络自学时作相应的辅导。学生作为教学的主体，主要体现在课内任务型学习活动和课外的自主学习上。因此，新模式在具体应用中应充分体现其信息技术的特点和优势，突出以学习者为中心的教学理念，从而达到教与学的最佳效果。

一般说来，教学模式是基于一定教学理论而建立起来的较稳定的教学活动的框架和程序。也就是说，教学模式使教学理论具体化，同时又直接面向和指导教学实践。近年来，随着以计算机网络为核心的信息技术的应用日益普及，建构主义学习理论逐渐引起人们的广泛注意。多媒体计算机和网络通信技术可以作为建构主义学习环境下理想的认知工具，能有效地促进学生认知的发展（Levy & Stockwell，2006）。所以，从此意义上来说，建构主义学习理论自然成了"基于计算机与课堂的英语教学模式"的理论基础。根据这一理论,世界万物被认为是客观存在的,但是人们对世界的理解和赋予的意义却是由每个人自己决定的;人们以自己的经验为基础来构建或解释现实;个人在与周围环境的相互作用过程中逐步构建起对外部世界的认识,从而使自身认知结构得到发展。建构主义强调,学习是一个积极主动的构建过程,学生不是被动地接受外在信息,而是根据先前的认知结构主动地、有选择地知觉外在的过程。所以每个学习者都在以自己原有的经验系统为基础对新的信息进行编码,建构自己的理解。同时,原有知识又因为新经验的融合而发生冲突、调整与改变。所以学习过程不仅是信息的输入、储存和提取,而且是新旧经验之间双向的相互作用的过程。因此学习者被认为是信息加工的主体,是知识意义的主动建构者。"基于计算机和课堂的英语教学模式"恰是具有这种实际的理论内涵,代表着一种外语教学的发展趋势。

综上所述,教学模式一般来说有其理论和实践上的特征。但是计算机网络整合于外语课程之后,教学模式也随之发生了变化,其特征更加鲜明,更加侧重于学习者个体能力的培养和发展。因此,新模式的实施势必会造成外语教学上的调整和变化。在新模式的具体实施上,《课程要求》用附件形式提出了一个非常具体的多媒体教学模式的实施流程(详见第二章)并作了一些详细规定。那么,这些年来新模式的实施情况究竟如何? 为此,我们做了专门调查。[①]

第二节 新模式的实施情况调查

我们的调查主要涉及两个方面:1)学校是如何实施新模式

[①] 该项调查由上海理工大学外国语学院讲师黄芳负责实施。

的？2) 新模式在实施时有哪些主要变体形式？在调查过程中,我们走访了十几所高校,主要采用了课堂观察、文件查阅、人员访谈等方法,获得了许多关于新模式实施的第一手资料。然而,经过整理分析这些资料后,我们发现许多高校确实根据"基于计算机和课堂的英语教学模式"制订了课程方案并实施了相应的教学变体模式,但是大部分高校的方案和模式都有不少相同之处。经反复对比,我们认为东南大学和上海大学的变体模式较为典型,具有代表性。东南大学和上海大学都是教育部 2006 年批准的全国大学英语教学改革的示范学校,应该说他们的情况能在很大程度上有助于我们对大学英语教学新模式的实施状况有所了解。

一、东南大学的教学模式

该校的大学英语教学主要采用三种教学模式:传统英语教学模式、多媒体大小班结合模式、网络英语学习模式。

1. 东南大学"传统英语教学模式"

表 3-1　传统英语教学模式

课　程	内容	课时与人数安排	使用教材	硬件设施
多媒体精读课	授课讨论,其他活动	3 学时/周,35 人左右	《大学英语读写教程》全新版	多媒体教室
多媒体听说课	听力、口语	1 学时/周,35 人左右	《大学英语听说教程》全新版	多媒体教室
英语泛读课	泛读	课外自学,内容在考试中进行考查	《大学英语泛读教程》全新版	学生自行决定

该模式中的课程为传统的精读课、听说课和泛读课,在配备了电脑、投影仪的教室里进行。教师精讲课文,学生听讲记录,有师生互动问答但机会不多。课文讲解多以词汇、语法等知识点为主,而且多数情况下与考试有关,教学基本以教师为中心。据调查分析,采用该模式的优势是:① 由于是传统教学模式,比较容易

为教师和学生所接受;②多媒体课件的运用使学生学习英语的兴趣有所提高,且信息量大、教学形式较为活泼,可进行教学互动。存在的问题有:① 由于教师在使用配套光盘之外还要搜集资料制作课堂补充课件,因此教师的备课工作量加大;② 教材浪费现象普遍,每学期结束时,所学内容只占整个教材的75%左右,且教材中课文的难易度分布不够合理,由易到难缺乏合理过渡;③ 传统教学模式下的学生对教师有很大的依赖性,缺乏自主学习能力。这一模式的优缺点说明,我们的英语教学长期以教师为中心,学生相应的自主学习能力较差,教师和学生当然会较为适应这种模式。此外,现行的教材应该都属"立体式"教材之类,而教师只是用传统方法讲授现代化立体式教材,缺乏对教材的合理安排和利用,势必会造成一定的资源浪费。

2. 东南大学"多媒体大小班结合"的英语教学模式

表 3-2　多媒体大小班结合模式

课程	内容	课时与人数安排	使用教材	硬件设施
多媒体大班精读课	授课、讨论、其他活动	2学时/周,大班由2个小班组成,60人左右	《大学英语读写教程》全新版	多媒体大教室
普通小班听说、泛读课	听力、口语、泛读	2学时/周,小班30人左右	《大学英语听力》、《新世纪听说教程》、《阅读大观》	多媒体小教室

如上表所示,该模式开设的课程为多媒体大班精读课和普通小班听说、泛读课,大班由一名教师授课,每个小班各由另外一名教师授课。采用该模式的优势是:① 教学效率有所提高:在相同工作量的情况下,该模式可节省1/4编制,即采用传统教学模式的4位教师的工作量,现在只要3位教师就能完成(莫锦国,2002:27);② 教学效果较有改进,教学方法易于学生接受,多媒体的使用提高了学生学习的兴趣,课堂容量大,知识面广。存在的问题有:① 大班的师生交流和课堂互动偏少,平均每个大班的人

数为 60－70 人,一个教师每周给 6 个大班上课,很难与近 400 名学生进行交流,且课堂互动由于人数过多难以开展;②上小班课的教师普遍反映使用教材太多,涵盖听力、听说、泛读,教师备课工作量大。多媒体大小班结合模式在形式上似乎多了多媒体计算机等现代信息技术,但实际上它还是一种较为传统的教学模式,教学上以教师为中心的模式未变,尤其是大班 60－70 人一起上课,师生进行课堂互动的机会很少。

3. 东南大学"网络英语学习"模式

网络英语学习模式是东南大学将计算机网络和大学英语教学进行整合的一次尝试,其实质是网络自主学习与面授辅导相结合。为此该校专门设立了网络学习中心供学生课内和课外学习所用。

表 3-3 网络英语学习模式

课程	内容	课时与人数安排	使用教材	硬件设施
课内精读课	教师授课,讲解文章重点、难点	2 学时/周,35 人左右	《大学体验英语读写教程》	多媒体教室,一机多人
课内自主学习课	学生自行练习听说,教师监控、现场指导、帮助	2 学时/周,35 人左右	《大学体验英语听说教程》	网络学习中心,一人一机
课外自主学习	学生自行决定听说读写内容,教师通过网络监控	4 学时/周,无人数限制	体验英语教学平台,读写、听说	网络学习中心,一人一机

该模式为课内精读课和课内外学生自主学习而设计。教师的角色有所转变,但课内精读课仍是教师讲、学生听。不过,在教师面授后学生有一部分时间进行网上自主学习,应该说这在原有以教师为中心的教学基础上是一个不小的进步。采用该模式的优势是:① 培养了学生的自主学习能力。除每周 2 学时的

教师面授精读课以外，其他时间需学生自己上网学习，因此学生要学会自主安排学习时间和任务。② 提高了教学效果，图文并茂的网络资源激发了学生学习的兴趣。存在的问题有：①计算机平台系统有时不稳定，导致教学不能正常进行；②由于软件问题，计算机只能记录学生网上学习的部分活动，而学生网上聊天、浏览网页则无法监测；③网上学习内容与课堂学习内容一样，可以说网络版教材是纸质课本的翻版，这样使学生课外自主学习的积极性不高；④学生反映长时间面对计算机学习枯燥乏味，尽管采用了先进的网络学习设备，但他们的综合能力并没有很大的提高。

二、上海大学的教学模式

上海大学于 2002 年秋季学期开始了以六种模式为标志的外语教学改革试验，这使其成为我国众多高校中，采用教学模式最多的学校之一。该校实行选课制，各种模式的选择（见表 3-4），除模式 2 与模式 5 受高考英语单科成绩的限制外，其他各种模式均由学生自由选择，学生在修读大学英语的两年期间亦可更改选择其他模式。

表 3-4　上海大学六种英语教学模式

教学模式	1.常普模式(21世纪)	2.常快模式(中外合作)	3.多媒体模式(新视野)	4.快乐模式(快乐)	5.高起点模式(高起点)	6.悉商 ESP 模式(悉尼工商)
选课对象	不限	不限	不限	不限	高考英语成绩达120分以上，口语B，招160名	悉商学生必选，其他学院学生限选人数40名
选收学生的原则	学生自行选入	按高考英语成绩择优	学生自行选入	学生自行选入	按高考英语成绩择优	以悉商学生为主
所用教材	21世纪大学英语	21世纪大学英语	新视野大学英语	电影、小说、21世纪大学英语	中级口译系列教材	国外英语教学内容

第二节 新模式的实施情况调查

这六种教学模式的情况分述如下：

1）常普英语教学模式，又称21世纪模式，即维持常规的大学英语教学方式（普通班），承认教师在课堂教学过程中的权威作用，讲究语言系统的掌握对语言习得的作用。根据教学大纲实施分级教学，每周4课时均在多媒体教室授课，学生的语言能力主要通过以教师为中心的课堂讲授和布置任务等方式得以提高。

2）常快英语教学模式，又称中外合作模式，由中方教师和外籍教师共同执教。每周2课时由中方教师在多媒体教室上70人左右的大班精读课，2课时由外籍教师在普通教室上30人左右的小班听说课，通过中外教师优势互补，使学生的外语能力得到全方位提高。该模式是按高考英语成绩择优选收学生，故新生入学后直接就读大学英语二级。

3）多媒体英语教学模式，又称新视野模式，以"新视野"网络教程为主修教材，通过校园局域网向学生提供网络教学平台，运用多媒体网络教学手段，采取以学生网上自主学习（每周2课时）和课堂上教师有针对性的辅导（每周2课时）相结合、以课外自我安排学习和网上自我测验相结合的方式，培养学生自主获取知识和自我提高的能力。

4）快乐英语教学模式使用多种教学内容，如：英文电影、小说、磁带、课本等；采用多样化教学方式，如：看电影、读小说、讲故事、演小品、写作文等。该模式侧重在每个教学环节指导学生自主学习，培养学生独立获取知识的能力和全面的英语听、说、读、写能力。该模式每周2课时用于学生机房自主学习、教师给予指导，2课时用于教师面授辅导。

5）高起点英语教学模式的新生为全年级高考前160名。采用英语专业基础阶段的教学方式和英语专业教材，起点高，进度快，精讲多练。选用"上海市英语中级口译资格证书"考试配套教材，开设相应的课程，使参加该模式学习的学生具有良好的口语水平和基本的口译技能。该模式采用以学生为中心的教学方式，注重开发学习者的自主学习能力。

6）悉尼工商 ESP 教学模式，将学习者的外语学习与专业学习有机地结合在一起，即为实用目的而采取的英语教学，其目的往往是某一职业性的要求或规定（Mackay，1987：11）。该模式由悉尼工商学院聘请的外籍教师和外国语学院的中方教师共同执教。采取小班型、分模块的教学方式，压缩大学英语的课程内容和学时，引进国外英语教学内容，进行渗透式教学。

在这些模式中，我们发现了一个突出的问题：由于有四种模式可供学生每学期自由选择、更换，班级人员流动性很大，一般可达到50％左右。对于学生而言，每更换一次学习模式都需要适应新的教材、模式和教师，显然要花费更多的时间和精力，且班内同学来自不同的专业，协作学习呈现困难；对于教师而言，学生的不断变动使得教师在跟踪学生学习情况的变化和进行学习成绩前后的比对上，有很大的障碍，以致难以开展教学分析和研究。另外还有教师隐性工作量加大、学生综合能力有待提高等问题存在。

三、模式实施的总结

综上所述，东南大学和上海大学的九种教学模式，涵盖了我国高等院校当前的大部分英语教学模式，概括起来是三大类：传统的教学模式，多媒体辅助英语教学模式和网络化自主学习模式（计算机网络和外语课程初步整合模式）。应该说，这些模式都是"基于计算机与课堂的英语教学模式"的变体形式，在使用现代信息技术方面，这些模式又是各不相同，存在着较大的差异。

众所周知，实行新模式的目的之一就是要充分利用现代信息技术提高学生的综合应用能力，尤其是听、说能力。但从上述模式的实际调查情况看，试点的学生在听的能力上虽然有不同程度的提高，但说的能力提高不大，有43%的学生表明自己口语差，希望在这方面有所加强。类似的调查结果在其他一些高校也存在，如北京市大学英语研究会在2005年4月对北京市不同类型高校的试点改革情况调查显示，有53.34%的学生认为在新的教学模式学习下，口头表达不但没有提高，反而有所退步，41.98%的认为稍有提高，只有4.68%的学生认为自己的口语能力有较大提高（蔡基刚，2006：221）。由此可见，新的课程要求和教学模式的实施情况并不十分理想，计算机网络与外语课程的整合也不是十分到位。究其原因，可以认为"基于计算机和课堂的教学模式"在具体的实施过程中，出现了各种不同的变体形式，但这些变体形式多少都与新模式在实施理念上有些不符。这可以从三个方面得到验证：1) 东南大学的三个模式，无论是传统模式、多媒体模式，还是网络自主模式，实际上都与"基于计算机和课堂的英语教学模式"的设计理念有所差距。东南大学的三个模式只是名称相异而已，实质内涵仍然是相当传统的教学模式，未跳出"以教师为中心"的教学框架。2) 既然教学仍然以教师为中心，具有现代理念的立体式教材就不可能得到充分的开发和利用，导致每学期总有相当的教材资源没能得到利用，只能白白浪费。由于教学总体还是相当传统，计算机网络也只能充当教学的配角，得不到充分、有效的应用。3) 新模式的主要目标是要提高学生的综合语言能力，尤其是听说能力，为此学生要充分利用现代信息技术进行网络自主学习。但是从上述的九个教学模式来看，学生的自主学习能力普遍较差，原因有二：首先，由于教学模式较为传统，教师和学生都较为适应，即使有多媒体计算机，教师讲学生听的局面还是改变不了。教师不习惯使用现代信息技术，学生不习惯自主学习，只凭课堂这些有限的教学时间，自然不可能使学生的听说能力有较大的进步。可以说,计算机只是一个可有可无的辅助教学的工具而已,其超强的功能根本没能得到充分的发挥。其次,可供学生进行网络自主学习的资源设计不合理。目前各高校使用的所谓立体式教材,都是由外研社、外教社、高教社、清华大学出版社、复旦大学出版社制作出版的,这些教材基本都配有网络版教材供学生自主学习。但问题是这些网络版教材与课堂版教材内容完全一样,学生几乎没有兴趣在课外再学同样的内容。可见,教学模式、现有教材、教师的观念等都极大地限制了现代信息技术的有效运用。这些问题不可避免地会导致新模式在实施上的偏差,我们的教学也就跳不出以教师为中心的框架。

鉴于上述的调查结果,我们认为要使"基于计算机与课堂的英语教学模式"得到有效的实施,充分发挥计算机网络的超强功能,必须要对与现代外语教学的一些实际问题有一个较为全面的了解,特别是对什么是教师中心与学生中心的教学理念、什么是信息化教学模式等要有一个深刻的理解和认识。

第三节 教师中心与学生中心

一、教师中心论与学生中心论

在我国,外语教学历来都是以课堂的形式进行,且以教师为中心。对这种形式进行一定的改变,也只是近几年的事。实际上,课堂教学有着很悠久的历史。早在17世纪,捷克的夸美纽斯就发表了《大教学论》,提出班级授课制度,开创了以教师为中心的教学结构。几百年来,教师中心的教学理论得到了不断的发展和完善。19世纪,德国的赫尔巴特提出了"五段教学理论"(预备、提示、联系、统合、应用);20世纪,前苏联的凯洛夫对赫尔巴特的"五段论"加以改造,提出了"新五段教学理论",即激发学习动机、复习旧课、讲授新课、运用巩固、检查效果。此后,还有巴班斯基的"最优化"理论,美国布鲁纳的"学科结构论"以及布鲁姆的"掌握学习"理论等等。这些理论都在原有基础上有所发展和创新,但以教师为中心(教师主导和控制教学)的宗旨未变。

20世纪中叶,人本主义心理学(humanism psychology)在学术界渐渐兴起。人本主义心理学强调天赋人性,要求从人的主观意识出发,从整体上解决人的动机、人格,从而说明人的本质特性和内在情感、潜在智能、目的、爱好、兴趣等人类经验。它反对行为主义的环境决定论,反对精神分析的无意识动机决定论,反对任何割裂整体的分析或还原。人本主义心理学特别强调人的意识所具有的主动性和自由选择性,认为人能根据自己的意向,确定自身存在的价值。这些观点为"以学生为中心"的教学观奠定了基础。当时,人本主义心理学的主要代表人物是 Maslow 和 Rogers。尤其是 Rogers 发表了许多教学论的观点,"学生中心论"就是其主要的观点之一。Rogers 的学生中心论的主要思想是学习应在自由的氛围中进行,提倡学生应敢于去涉猎未知的、不确定的领域,以及具有自己作出抉择的勇气。其主要活动则落实于对教师的五点要求上:1)为学生创设一种融洽的、积极向上的环境;2)建立互相了解、信任的师生关系;3)提供多种适合学生的学习材料;4)帮助学生深入思考和学会运用,而不只是照本宣科;5)促使学生在课堂上真实地表达自己的想法和情感。Rogers 认为教学的目的是促进学生个性的充分发展。"充分发展"的内涵是指在智能上和情感上充分发展学生的创造性、建设性和选择性,以及行为表现符合规矩而且不能预测。"充分发展"的表现则是指学生能够适应变化和知道为何学习。由于人要适应变化,所以任何静态的知识都是靠不住的,而只有寻求知识的动态过程,即知道为何学习,才能达到适应变化的目的。基于这种教学目的观,Rogers 认为实现教学效果的关键手段是师生的态度。就学生的态度而言,主要是保证自我实现而引起的内驱动力;就教师的态度而言,就是解除学生的精神压力,使他们在学习中有一种自由感和安全感。为此教师必须相信学生能发展自己的潜能,尊重学生的个人经验和重视他们的感情和意见,多多为他们着想。正因为教师和学生在教与学的过程中能处于这样的一种关系,"以学生为中心"的教学活动观也就自然形成,顺理成章了。

此后,学生中心论还得到了 Chomsky 语言学理论和认知学习理论的进一步充实和完善。Chomsky 提出了转换生成语法,认为语言的深层结构体现语言能力的特点,表层结构表现语言行为的特点,后者是前者在使用语言的实际情况中的完整体现,由于人有天赋的语言习得装置以习得深层结构而获得语言能力,再由语言能力生成语言行为,所以,没有语言习得装置的动物就学不会语言。学会外语应是学生的语言装置在起作用,学生自然该是教学的主体或学习的中心(详见第二章)。认知教学理论正是从 Chomsky 的观点出发,认为学习外语不是形成习惯而是先天习得能力的发展过程,它把学生的语言能力当作认知的核心结构(schema),主张学习外语应在理解的基础上,让学生在生活实际和交际情景中进行操练。因此,认知教学理论推出的教学原则之一就是以学生为中心。

因此,在外语教学上,就出现了"以教师为中心"与"以学生为中心"两种教学论。

二、教师中心模式与学生中心模式

基于这两种教学论,也就自然地产生了相应的两种教学模式,即"以教师为中心"的教学模式与"以学生为中心"的教学模式。这两种教学模式与其他模式一样,都包含教学的基本要素,即教师、学生、教学内容、教学媒体。现从教学四要素相互关系的角度,对这两种模式进行分析性阐述。

1. 以教师为中心的外语教学模式

教师中心模式，顾名思义，就是教师作为整个教与学过程的中心。在此模式中，上述四要素的关系如下：1) 教师与学生：教师是知识的传授者、教学的绝对主导者，监控整个教学活动的进程；教师向学生传递大量的知识信息，从教师到学生是强交互。相对而言，学生是知识传授的对象，是外部刺激的被动接受者，学生始终处于被动的接受状态，偶尔对教师的讲授做出附应或提出疑问，从学生到教师是弱交互。2) 教学内容：教学内容基本由教材决定。教材是教师教学的基础，所有教学内容的安排和教学过程的展开都基于教材，教师主要依赖教材确定教学内容，从教材到教师是强交互，而教师很少对教材进行修改或变动，二者之间的交互是单向的。教材是学生学习的主要内容，是学生知识的主要来源。但教材中的内容主要通过教师面授的形式传递，学生课后会通过教材来复习，将学习的内容系统化，从教材到学生是弱交互。学生对教材内容的怀疑很小，更谈不上对其进行修改，因此二者之间的交互是单向的。3) 教学媒体：教学媒体是辅助教师授课的演示工具，教师的教学主要依赖于传统的教学媒体（粉笔、黑板、幻灯、投影等），从教学媒体到教师是强交互。教师对教学媒体的选择和改造都比较差，二者之间的交互是单向的。教学媒体主要是辅助教师授课的工具，学生通过教学媒体获得教师传递的信息和观点，但教学媒体向学生传递的信息有限，主要依赖于教师的讲解，从教学媒体到学习者存在弱交互。学生几乎无法对教学媒体实现操作与控制，因此二者之间的交互是单向的。教材是教学媒体选择、设计的基础和前提，教学内容决定了教学媒体的类型及表现形式，二者之间存在单向强交互。这些要素在教师中心模式中的关系可用下图表示：

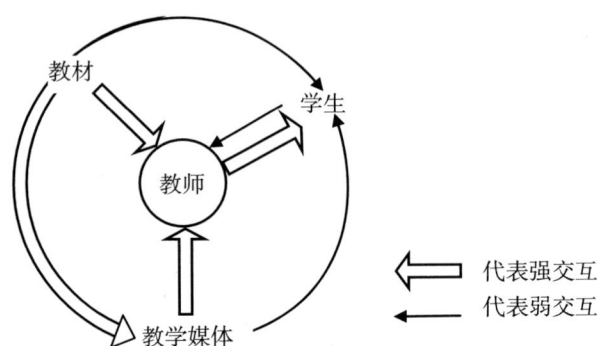

图 3-1 教师中心模式中各要素关系

2. 以学生为中心的外语教学模式

以学生为中心,就是把学生看成是外语教学的主体,是知识的主动构建者。需要说明的是,在以学生为中心的教学模式中,"教学媒体"除了粉笔、黑板、幻灯、投影等传统教学媒体外,主要还包括多媒体计算机、信息网络等多种现代电子媒体。教学内容不再仅局限于传统的教材,而是包括与当前学习主题相关的音像资料、多媒体课件以及从因特网或其他局域网上获取的各种信息资源。在此模式中,教师、学生、教学内容、教学媒体的相互关系是:1)教师与学生:教师不再是教学的绝对主导者,也不再严格监控整个教学活动的进程。学生才是教与学的主体,是信息加工与知识的主动建构者。教师是课堂的组织者、指导者,是学生构建意义的帮助者和促进者,只在必要时为学生提供指导和反馈。学生是信息加工的主体,在很大程度上脱离了教师的"管教",只在自己认为需要时才向教师申请帮助、提出问题,而这种申请和提问可能是非常不及时、不充分的。教师和学生之间是双向的弱交互。2)教学内容:教材和各种学习资源是学生获取大量的知识信息的源头。在学习的同时,学生也可以对教材和各种学习资源进行挑选、重组、再加工,自由选择合适的或感兴趣的内容,因此教学内容与学生之间是双向强交互。教师主要为学生的学习提供内容并设计内容的呈现方式,要做大量的教材、教学内容、教学资源的收集和整理工作,因此从教师到教材是强交互。教材和教学内容是教师设计教学过程要考虑的因素之一(最重要的是考虑学生的能力和需求),但不是约束教师的条件,从教材到教师是弱交互。3)教学媒体:教学媒体是促进学生自主学习的认知工具,学生依赖教学媒体获得信息,教学媒体为学生学习创设适合的学习环境,而这种环境往往蕴涵着学生所需掌握的大量知识内容,或不同类型的操练、练习等。同时,学生可以根据自己的兴趣选择适合的学习环境,可以按照自己的要求调节内容呈现的形式和进度,媒体和学生之间是双向强交互。教师要为学生的学习选择教学媒体,创设恰当的学习环境,设计教学媒体的呈现形式及呈现内容,因此从教师到教学媒体是强交互。教学媒体很少对教师产生影响和约束,因此二者之间的交互是单向的。教学媒体的选择、学习环境的设计要依赖于教材和教学资源。教材和教学资源通过教学媒体和学习环境呈现出来,因此二者是双向强交互。这些要素在学生中心模式中的关系可用下图表示:

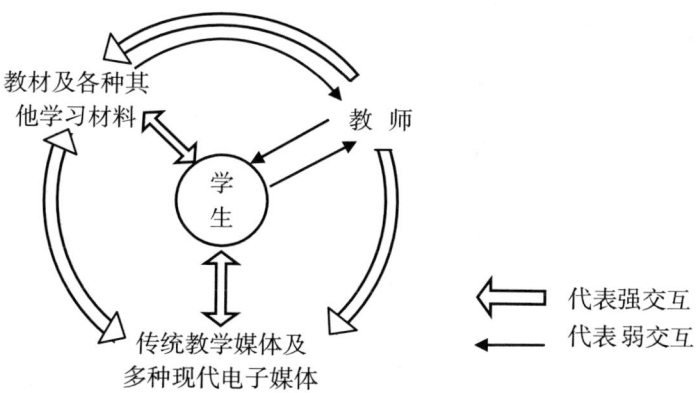

图 3-2　学生中心模式中各要素关系

综上所述,似乎可以得出这样的结论:两种模式都有其自身的长处与短处。以教师为中心的外语教学模式的长处在于有利于教师主导作用的发挥,便于教师组织、监控整个教学活动的进程,有利于系统的学科知识的传授。其短处则是完全由教师主宰课堂,忽视学生的学习主体作用,不利于学生进行创新思维和创新能力的培养和充分发展。以学生为中心的外语教学模式注重在学习过程中发挥学生的主动性、积极性与创造性,相应的教学设计主要围绕"自主学习策略"和"学习环境"两个方面进行。前者是整个教学设计的核心,通过各种学习策略激发学生去主动建构知识的意义,后者则是为学生主动建构创造必要的环境和条件。这种教学模式由于强调学生是学习过程的主体,是知识的主动建构者,因此有利于学生的主动探索、主动发现,有利于学生外语应用能力的培养。但是,这种教学模式由于过分强调学生的"学",往往忽视教师应有作用的发挥,忽视师生之间的情感交流和情感因素在学习过程中的作用。

鉴于上述两种模式的各自特点及长处与短处,我们的教师应在具体的教学实践中,注意扬长避短,充分发挥这两种模式的优势,学会教学模式的灵活运用。

第四节　信息化外语教学模式

所谓信息化教学,是指以现代信息技术为基础的一种新型的教学形态。信息化教学模式是教学模式在信息化时代条件下的新发展,是基于信息技术的教学模式(IT-Based Instruction Model)或数字化/信息化学习模式(E-Learning Model)。它是信息技术支持的教学活动结构和教学方式,也是包含技术丰富的教学环境、相关教学策略和方法的教学模型。信息化教学模式会给外语学习带来许多重大的变化或变革。首先,信息时代的学习要求从传统的维持性学习向创新性学习转变。创新性学习本身又有三大重要特点:一是怎样迅速、充分、有效地选择获取和存储所需的信息;二是怎样利用它来解决问题;三是怎样打破常规重新组合。其次,创新性学习要处理好"学会"与"会学"的关系。在外语学习上,"学会"是指构建必要的外语知识基础,掌握某些专门化的知识和技能;学习的内容不仅包括知识和技能,还包括态度、动机、方法和行为习惯等。"会学"是指学会学习,在学习过程中培养各种学习能力,如表达、记忆、观察、思维和信息能力等,其中的核心是思维能力和创新能力。

信息化教学模式有许多种,但较为常见的有:基于问题的教学模式、网络探究教学模式、基于项目的学习、基于案例的学习、基于资源的学习、探究学习、协作学习、基于电子档案的学习、个性化学习、个别授导、智能导师、情景化学习、虚拟教室等。随着外语教学信息化过程的不断深入和发展,新的信息化教学模式还将不断出现,构成丰富的信息化教学模式的种类。限于篇幅,本节将重点介绍基于问题的教学模式、网络探究教学模式和小组协作教学模式。

一、基于问题的教学模式

所谓基于问题的教学是指基于问题的学习模式(Problem-Based Learning),是把教学/学习置于复杂的、有意义的问题情景中,通过让学生(通常是小组合作的形式)解决复杂的、实际的或真实的(authentic)问题,来学习隐含于问题中的语言要点、文化背景、语言技能等,发展学生主动构建知识和解决问题的能力。

在基于问题的学习模式中要注意问题、学生、教师三大基本要素的关系和特点:问题,作为学生初始的挑战和动力,必须是界定明确的,且具有足够的吸引力激发学生去发现解决的方法,同时问题还应协调动机和建立后续学习的需要和联系。学生,作为主动的解决问题者,必须积极主动地参与,完全投入地学习,积极主动地进行意义构建。教师,作为指导者和学习的促进者,必须清晰地设计问题(任务),积极有效地鼓励、激发学生思考使他们持续参与,监控并适当及时地调整挑战的难度,使学习能顺利地进行。

　　为便于更好地理解基于问题的教学模式,有必要从以下几个方面把它与传统教学模式作番比较。1)教师方面:教师在传统模式中是教学中的主角、专家和权威,教师群体相互独立工作,以向学生传递外语经验和知识为主;但在问题模式中,教师是引导者、帮促者、合作学习者,教师群体相互支持与合作,以指导学生获取解决问题的策略为主。2)学生方面:在传统教学模式中,学生被看成是被灌输知识的"容器",是外语知识的被动接受者,他们往往只注重单独学习,主要是记忆并重复所获取的前人的经验知识为主的信息;然而在问题模式中,学生主动参与整个学习过程(完成任务的过程),强调的是协作学习,既要进行知识意义的建构,还要形成各种独立的外语应用能力。3)教学策略:传统的教学采用的是以单一的形式把知识传递给学生,而问题模式所采用的教学策略为学生自觉地参与学习,学生间或师生间讲究的是合作协调,以完成任务和解决问题为主要目的。学生在多种情景中获取并应用知识,学生自己查找信息,教师只起着引导的作用。4)计算机媒体:在传统教学模式中计算机媒体主要作为教学的辅助工具,用于教师在讲授过程中向学生进行知识演示;但在基于问题的教学模式中,计算机媒体是整个教学的一个有机组成部分,是用于学生获取、处理信息和解决问题、完成任务的认知工具。5)评价方式:传统教学模式中的评价方式比较单一,即评价以学生的(考试)成绩为主,学生按成绩分成不同等级,教师往往是整个教学中的唯一评价者;相比之下,问题模式中的评价方式就要灵活得多,对学生的评价不仅仅局限于(考试)成绩,也不按成绩来评定学生等级,对学生评价一般由自我评价、同伴评价以及教师评价三者结合起来。6)教学环境:在传统教学模式中,教学环境主要由教室、课本、黑板、粉笔、设备等构成,是一种"教师中心"的学习环境;然而问题模式强调的是教师、学生、内容、技术等构成的生态化学习环境,是一种"学生中心"、相互合作支持的学习环境。

通过上述六个方面的对比分析,我们了解了传统模式与问题模式的区别,也对基于问题的教学模式有了一个基本的概念。

基于问题的教学模式通常由五个环节组成:确定问题(任务)、分析问题、解决问题、结果展示、学习评价。在这个过程中,教师只是起着指导、帮促的作用。信息技术完全整合于教学模式实施的全过程中,见图如下:

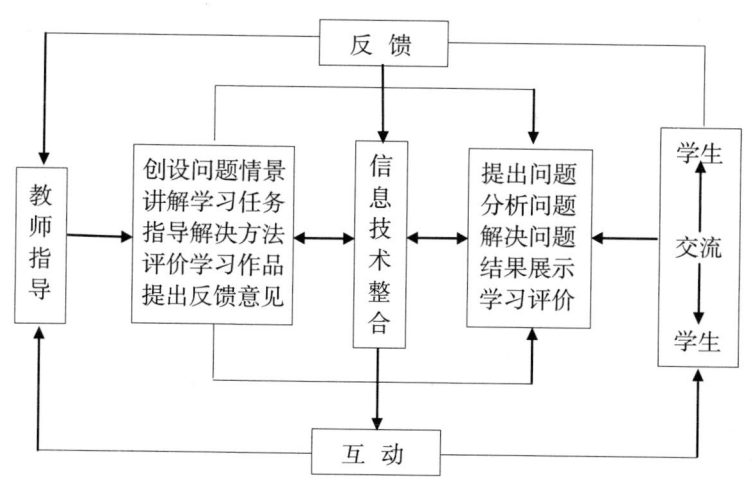

图 3-3 基于问题的教学模式

基于问题的教学模式在具体实施时应包括这样几个阶段:情

景创设和问题提出、问题界定和问题分析、探究和解决问题、分工合作和完成任务、评价和反馈。

第一阶段:情景创设和问题提出。教师要根据实时的教学内容和要求,利用各种信息技术提出引导性问题,逐步形成具体的学习任务。提出的问题应符合这样几个要求:1)要有相应的问题情景描述,能够引起学生的兴趣;2)问题导向要明确,学习重点要清楚,实施过程要清晰;3)难度要相宜,以综合原有的知识为前提,探究新知识为主要目标。学生在问题提出的基础上,针对学习重点,可以进一步细化任务。

第二阶段:问题界定和问题分析。问题明确后,学生要根据自己的理解用自己的语言来界定和描述所要研究的问题。然后,对所提问题和任务情景进行仔细思考和分析,在分析的基础上确定问题的要点所在,即找到问题的本质。形成小组,任务分工,提出可能的行动建议或方案。

第三阶段:探究和解决问题。确定学习任务的分配后,要通过各种途径收集与主题相关的信息,同时对所收集的信息进行归类、整理和分析。学生间要作相互交流并形成解决问题和完成任务的方案。

第四阶段:分工合作和完成任务。各小组成员按分工要求,完成各自的任务并以适当的形式(如利用计算机多媒体的形式)展示如何解决问题的过程和结果(如语言技能的运用、文化背景的描述、语言要点的学习和练习等)。

第五阶段:评价和反馈。小组成员共享他们完成任务所取得的成果,同时进行自我评价和小组间评价。评价主要围绕任务完成过程中各成员的表现。教师要在这些评价的基础上作总体评价和反馈,提出以后努力的方向。

在具体实施基于问题的教学模式时,可以遵循如图3-4所示的操作程序:

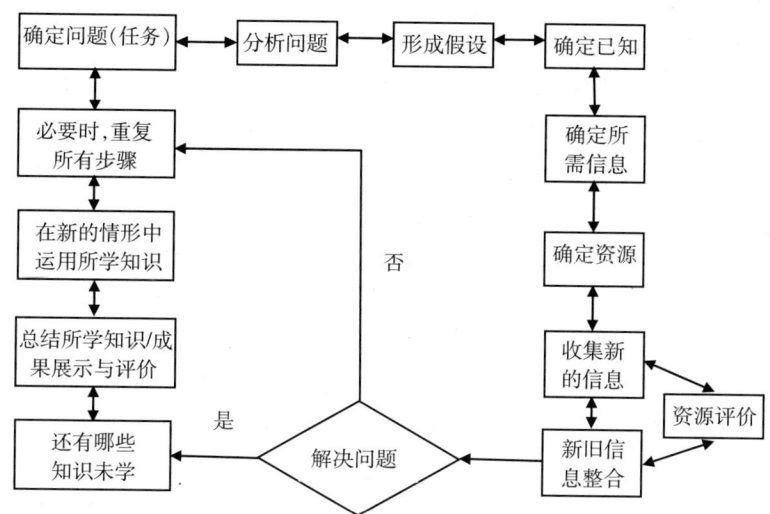

图 3-4 基于问题教学模式的操作程序

二、网络探究教学模式

网络探究教学模式,英文为 WebQuest Model。WebQuest 是由 Web 和 Quest 两个词组成的复合名词,Web 英文原义是"网络",Quest 有"寻找"、"探索"的意思,因此 WebQuest 是一种"网络探究"的活动,引申于外语教学就是"网络探究教学模式"。

网络探究,作为探究学习活动的一种具体形式,主要是依托互联网强大的信息资源来训练学习者的探究能力。在网络探究中,学习者可以最大限度地利用网络资源,主动发现外语领域中的未知问题,探究解决问题的方法,建构知识,学会外语。

1. 网络探究教学模式的理论基础

网络探究教学模式主要基于三方面的理论,即 Bruner 的发现学习论、Dewey 的"从做中学"理论以及 Vygotsky 的社会建构主义理论。Bruner(1960)认为,发现并不仅限于人类寻求尚未知晓的事物,而应指人们用自己的头脑亲自获得知识的一切方法。引申于我们的教学,如果教师只是引导,让学生主动地去学习,他们就会因自己发现而学习,去概括原理或法则,也就会因自己发现而感到愉快和满足,从而使学习具有更强大的动力,所获得的知识也会更加深刻而不易遗忘,并能广泛地应用于实践,有助于智力的发展。因此,Bruner 的理论是要鼓励每个学习者去成为一个"发现者"。Dewey(1970)主张学生应当"从做中学",他认为要求儿童不从活动而从听课读书中获得知识是虚渺的,因为成长中儿童的兴趣主要是活动。"从做中学"是儿童天然愿望的表现,它有助于儿童的整体发展,可以使儿童获得知识并锻炼能力。Vygotsky(1978)认为,学习过程中应重视文化与社会的角色;智力发展的最主要动力是文化,其机制在于社会互动;语言发展是文化传承的一种方式,因此必须与文化同步成长。在学习过程中学习者与环境文化的互动非常重要,因为个人的知识是在社会文化环境下建构的。上述三方面的理论从不同的角度阐述了人类学习的不同方法,但宗旨是一致的,即积极主动地构建知识的学习过程,符合人类主动探索的本质。

2. 网络探究模式的学习方式和设计原则

网络探究学习的目的是要让学习者充分利用时间,使用信息(不仅仅是收集信息)并帮助学习者分析、综合和评价各种信息资源。因此,网络探究学习方式按学习探究的时间可分为两种:短期网络探究模式和长期网络探究模式。短期模式强调知识的获取和整合,学习者获得并理解了一定量的有用信息,据此主动建构知识。短期模式(约 1—3 个课时),大多可以用于日常教学。长期模式强调知识的拓展和提炼,学习者通常要就一个完整的课题或任务进行有计划的信息搜寻并进行深入的信息分析和较为全面的知识重组。长期模式可以为一周也可以为一个月,大多可用于小组合作课题研究。

关于网络探究教学模式的设计,一般要遵循这样五个原则,也有学者称其为 FOCUS 原则:F-寻找合适的网站(Find great sites),O-协调组织学习者和学习资源(Orchestrate your learners and resources),C-激发学习者思考(Challenge your learners to think),U-选用媒体(Use the medium),S-帮助学习者达到高水平学习期望(Scaffold high expectations)。

1) 寻找合适的网站

在这一模式中,学生寻找(选择)合适的网站进行学习至关重要,因为合适的网站能够向学习者提供恰当的学习材料,使课堂学习得到充分的延伸。要寻找合适的网站,学生必须注意这样三个方面:①熟练运用搜索引擎,如 Google、Baidu 等。在搜寻相关的学习信息时,要掌握查找技巧和搜索引擎的高级规则,以便快速高效地搜寻到所需要的信息。②深度挖掘网页信息。据统计(钟志贤:2005),目前互联网上的网页多达 5500 亿,通过搜索引擎可以查询到的也有 10 亿个左右,当然英文网站或适合学英文的网站也是不计其数,此外还有许多通过网络能查到的档案馆、数据库、博物馆等也能成为学习者的选择对象。③善于收藏已发现的优秀网站。在众多的网站中,一旦发现那些能有效帮助学习者进行外语学习的网站或资源库,应该及时地把它保存起来,而且要不断地进行跟踪。

2) 协调组织学习者和学习资源

协调和组织学习者以及合理安排学习资源是网络探究学习的重要组成部分,在设计网络探究学习时应对这两个方面加以重视。首先是如何组织好学习者。成功的网络探究学习应该与和谐的小组学习环境有关,而和谐的小组学习环境更需要把学习者很好地协调和组织起来。协调和组织学习者应包括这样几个方面:积极互动、角色协调、分工负责、协作互助。在网络探究学习中,学习者会根据学习任务进行一定的信息探寻,同时要作及时的互动交流,相互促进。在交流互动的过程中,学习者要明确各自的角色,要明白没有伙伴的支持任务不易完成。小组成员的分工要明确,这样才能对任务中的某些部分负责。在此基础上,小组成员要懂得如何相互合作,只有在协作互助中学习任务才能圆满地完成。其次是学习资源的有效组织和合理安排。应该说,网络上的外语学习资源是非常丰富的,因此如何优化组织这些学习资源是网络探究学习必须要关注的。优化组织学习资源通常可能有这样两种情况:硬件的缺乏和软件的应用。如果教学时没有足够的电脑设备,教师应采取可能的措施来弥补,如教师只用一台电脑引导全班学生讨论,协调学习节奏;也可以在硬件条件有限的情况下,按一定比例(如 1:5,1:10 等)设置学习中心,让学生轮流使用;如上网条件有限,要注意错开学生离线和线上活动时间,最大限度地发挥网络的功能和优势;再如学生无法上网,教师可以把相关网站的内容先下载,再供学生离线学习。在软件的应用上,要尽可能地了解各种与外语学习相关的网站以及其他的网络学习软件,这样才能灵活使用各种软件,优化组织丰富的学习资源。

3) 激发学习者思考

一般在网络探究学习中,可以采取以下方法引导和激发学习者思考:①使任务具有挑战性。任务的设计和选择必须要考虑其完成过程的难度,这种任务的难度不仅要体现在学生对任务的理解上,而且更重要的是体现在学生解决问题的能力上以及创新设计、逻辑判断的能力上。②使任务真实化。任务设计应接近现实生活,尤其是任务的主题要来自社会的实践活动,同时要注意任务中活动的可操作性,使学生学会能用于现实生活的语言技能。③使任务全面化。任务的设计要有全面的考虑,既使任务具有一定的难度,又使学生能通过任务学会从多种角度全面地看问题,以提高他们解决问题的能力。

4) 选用媒体

网络探究学习不一定完全限于使用网络资源，也可以充分利用书籍、刊物等其他媒体，以达到探究学习的目标。因此，在选用媒体上应充分注意这样几个方面：首先，要注意互联网不仅仅是一种计算机的网络，更重要的是人的网络和专家资源的网络。学习者除了选择适宜、有趣的网页供学习之用外，还可以寻找到大量共享的专家智慧资源。其次，要注意在学习过程中与他人交流，学习者可以通过BBS、e-mail等平台与专家或其他学习者进行信息交流。通过网络上交流互动，学习者可以相互间取长补短、启发思路、共同提高。第三，要注意学习内容的合理选择。应该说，网络是一个多媒体的环境，可提供无限量的学习资源，选用合理，则能提高学习效率，否则滥用网络音视频等多媒体内容，会分散学习者的注意力，不能达到应有的学习效果。

5) 帮助学习者达到高水平学习期望

网络探究学习可以让学生在平时不敢想象的情景中进行学习，达到传统教学很难达到的学习效果，因为在网络探究时教师可以帮助学生搭建"脚手架"，如让学生尝试把全球的软饮料（soft drinks）放在一起分析和归类，教师就应事先提供各国或地区关于饮料方面的网站、各种评述、生产销售网站等支撑信息。一般情况下，网络探究学习可提供三类"脚手架"：接受支架、转换支架、输出支架。①接受支架的作用主要是指导学习者如何根据已定的网络学习资源和已有的知识展开学习活动。网络探究学习时，学习者往往会面对海量的网络资源信息，如果缺乏指导，学习者可能会无所适从。因此，具体的接受支架往往会在观察指导、会晤技巧、在线词典的实例中体现出来。②转换支架主要是指一些网络探究学习中的方法和技巧，如比较、对照、归纳、总结、讨论、推理、决策等。在学习过程中，学习者将接受到的信息进行加工和重组以转变为新的形式，这就需要转换支架的帮助。③输出支架主要是指学习者通过学习将自己的认识和创建的成果呈现出来。学习成果的呈现可以借助一定的输出支架，如模版、写作向导、多媒体、各种组件等。

总之，"脚手架"的作用是要帮助学习者超越其以前已具备的语言能力，以更有效地内化学习内容，自主地完成学习任务。

三、小组协作教学模式

小组协作教学模式，亦称计算机支持的协作学习模式（Computer-Supported Collaborative Learning），有别于传统的计算机辅助的个别化教学。个别化注重学习中的人机互动活动，而协作学习强调利用计算机支持学习同伴之间的交互活动。小组协作学习是以一种小组或团队的形式，组织学生协作完成某种既定学习任务的教学形式。

1. 小组协作学习的基本要素

根据 Johnson et al.（1999）的理论，协作学习的基本要素包括五个部分：积极的相互依赖（Positive Interdependence）、面对面互促交流（Face-to-Face Promotive Interaction）、个人与小组职责（Individual and Group Accountability）、人际与小组交流技能（Interpersonal and Group Skills）和小组组织工作（Group Processing）。

首先，小组协作学习需要的就是成员间要积极的相互依赖，因为这是协作的基础，没有依赖就谈不上协作。积极的相互依赖要求每个成员都要明确各自的责任，即进行指定材料的学习并完成共同的学习任务。根据外语教学的特点，积极的相互依赖主要包含三个方面（赵建华，2006：50），分别是：1) 有明确的小组学习任务，而且每个成员必须明白各自的实际任务分工；2) 分工不等于"分家"，每个成员必须明白各自所担的任务对完成小组整体任务的重要性，只有每个分工任务做好了，小组任务目标才能完成；

3)小组任务完成，获得了成功，必须要有褒奖。这样就能增强未来完成任务的信心，进一步促进积极的相互依赖。此外，积极的相互依赖还必须要有积极的角色分工，如在完成某一学习任务时，有设计者、记录者、理解检查者、鼓励者、解释者、角色参与者等。这样，成员间就有了角色的相互依赖性，即特定的角色义务。角色预示了小组成员对自己贡献的期望，同时每位成员又期望其他成员的角色配合，这就是相互依赖。可见，积极的相互依赖主要体现在共同的小组成果和目标实现的相互努力上。

其次，小组协作学习需要成员间面对面的互促交流，即通过面对面的共同工作，沟通思想，促进交流。互促交流主要有这样几方面情况需要考虑:1)要考虑并确定小组活动的时间。小组成员间应有足够的时间进行交流，每位成员要毫无保留地谈出自己的想法;2)要考虑个体思想的独特性。个体成员都会根据自己的理解或价值观对学习任务形成特有的想法，所以成员间一定要互信、互补、互励以促进交流;3)要考虑对小组学习任务评估的及时性。对学习任务的进展情况要作及时的评估，注意成员间的心理调节和工作协调，因为及时评估、适当协调、个体关心、相互鼓励都是促进成员间相互交流的有效手段(Johnson et al.,1989)。高效的小组协作学习还可通过相互有效帮助、资源相互交换、信息高效加工得以实现。

再者，小组协作学习需要构建小组和个体的职责。小组的职责主要体现在业绩评价、结果反馈、同类比较等三个方面，而个体职责则表现在完成个体任务、评价个体业绩、反馈评价结果、提供鼓励和帮助等四个方面。在小组协作学习时，应当尽量避免出现这样的状况，即小组成员的职责难以确定、个别成员的工作成为多余、个体不对小组成果负责、成员处于消磨时间的状态等。个体职责的构建步骤是:1)确定小组人数。通常是人数越少，个体职责就越大;2)给每个学生做选择的机会。学生的选择往往会与个体特点较为吻合,所以也就较能胜任相应的职责;3)鼓励展示自己。随机挑选学生向全班展示他们小组的工作,这样能激发起责任意识;4)观察小组的协作过程。注意观察学生的特点和擅长,尤其是信息技术的应用方面各成员的特长所在;5)明确小组任务与角色作用。任务分工到位也就相应地明确了成员的小组角色作用。至此,每位成员的个体职责也就构建完毕,小组协作学习开始。

还有,小组协作学习需要有人际与小组的交流技能。人际与小组交流技能实际是一种社交技能或与他人进行交流的能力。为了进行高质量的协作,学生必须学会社交技能并应用于他们的小组协作中,以促进相互间的有效工作。一般来说,外语教学上的小组协作学习往往都是一些任务型的学习方式,而这种任务又会涉及许多互动的内容。要使任务型学习以互动方式运转起来,人际与小组技能至关重要。所以在小组协作学习过程中,既要求学生围绕课程内容展开协作,又要求他们必须学会社交技能。应该说,成员的社交技能(信任、理解、支持、协调、建议等)越强,则完成协作学习任务的质量就会越高。

最后,小组协作学习需要高效的小组组织工作。一般认为,小组运行的效果决定了小组工作的有效程度(Johnson,1997)。小组运行就是小组协作活动的组织工作,教师应该在此工作中起着举足轻重的作用。教师的具体工作应该是:1)观察与评价。通常说,观察为教师了解学生的总体情况提供了一个窗口,在小组协作学习中更是如此。观察要有内容,包括观察的目标、对象、活动、反映及其他信息。在观察的基础上,教师要进行一定的快速分析和决策,并给予切合实际的评价。评价要有记录,尤其要注意对不同小组的学习结果进行比较,以便及时提出反馈;2)倾听与反馈。学生完成了小组协作学习,教师必须预留时间让小组成员对小组协作的有效活动进行描述或展示。教师要细心倾听,记录有关要点。随后，教师要将结果反馈给每一个小组，对小组学习有利的个体努力应该给予确认和表扬，对于小组学习中出现的问题要有分析、解释和建议，促使小组成员进行反思以提高今后小组协作学习的质量；3）鼓励与指导。教师应该明白，"成功、赏识和尊重感有利于建立小组成员对学习的责任心，增强个体在协作小组中工作的积极性，增强对主题的自我感知及与其他成员协同工作的认识。"（赵建华，2006：52）教师要对协作成功的效果进行研究，特别是发现有创新性的成功实例要及时地给予鼓励，帮助学生建立做下去的信心。但是，仅有鼓励还是不够的，教师还应在各方面提供帮助和指导，尤其是在个体职责、社交技能、专业知识、活动设计等方面的指导更为重要。

2. 小组协作学习的形式

在计算机网络的支持下，学生可以突破地域和时间上的限制，进行小组讨论、同伴互教、小组练习、小组课题等协作性学习活动。基本的协作学习模式有许多种，如竞争、角色扮演、讨论、辩论、协同、伙伴、设计、小组评价、问题解决等。限于篇幅，本节将介绍5种基本形式：

第一种是竞争。这种学习形式是指两个或多个学习者在网络上针对同一学习内容或情景进行学习，看谁能够率先达到教学的目标要求，犹如竞赛。由于学习者的这种竞争关系，学习者都会在学习中全神贯注，努力争胜，往往会取得较为显著的学习效果。这种学习形式一般采取这样的步骤：首先，网络学习系统（学习平台）提出学习目标或问题，并提供相关的信息。然后，学习者可以选择学习的竞争对手，确定好竞争协议，开始解决学习问题。过程中，竞争双方都可以看到对方的状态，并可以随时调整学习策略，直至学习任务的完成。这种学习形式的优点是学习者有较强的学习动力，效率较高，但较为明显的不足之处是竞争双方原来的外语水平差异以及学习问题的难易程度较难控制。

第二种是协同。这种学习形式是指多个学习者共同担负起某个学习任务。在学习过程中，每个学习者可以选择他认为最合适、最有效的方法与其他人合作，发挥各自的特点，相互帮助，相互提示，相互依赖，分工合作。学习者在相互合作中逐步形成对学习内容的正确理解和领悟，以集体的智慧完成学习任务。这种学习的优点是能充分发挥每个学习者的长处和团队精神，但缺点是相互的协调有时较难处理。

第三种是角色扮演。这种学习形式是指学习者以扮演不同的角色来完成学习任务。通常情况下，角色扮演有两种：师生角色扮演和情景角色扮演。所谓师生角色扮演，就是让学习者分别扮演学习者和指导者的角色。学习者回答问题，进行学习，而指导者则检查、解答、评价学习。在学习过程中，学习者可以根据不同学习任务互换角色。情景角色扮演是要求若干个学习者按照与学习主题相关的情景分别扮演不同的角色，以营造一种与真实生活相近的外语操练场景。这种学习形式可以使学习者犹如身临其境，体验和理解学习内容和学习主题的要求，从而更有效地实现意义建构的学习策略。这种学习形式的优点是可以有效培养和锻炼学习者语言的综合应用能力，但缺点是学习者对学习任务的"知识差距"较难衡量。

第四种是小组评价。这种学习形式是指学习者以自己的实践体验来评价学习成果，并通过评价促进进一步的学习。小组评价最重要的是要让学习者学会评价，尤其在计算机网络环境下，学习者既要对小组成员的学习进行评价，又要对小组整体的学习情况（组织、计划、进程、协调、互助、团队精神等）进行评价。无论是成员个别评价还是小组整体评价，学习者必须要转变观念，从以教师为中心的观察和测试评价转变到以学生为中心的互动合作评价。评价内容不仅包括学术方面的，而且还包括社交、文化等其他方面。在这种学习过程中教师应该让学生明白评价绝不能只依赖教师,并充分鼓励学生进行积极、中肯的小组评价。

第五种是问题解决。这种学习形式是指学习者以解决某种问题的方式来进行学习。这实际上就是任务型学习的一种:首先提出并确定问题,其次分析问题,然后解决问题。通常情况下,问题的确定很关键,必须要有周密的考虑。问题应多种多样,既要符合学生的需求和兴趣,又要符合外语教学的规律。在分析问题的同时,要做好计划并明确小组分工。解决问题时,要相互合作、相互促进,以综合、灵活的方式解决问题,完成学习任务。

小组协作学习是信息化外语教学模式之一。上述五种方式为小组协作学习的基本方式。在具体的外语教学中,小组协作学习的方式还有很多种,因此必须灵活运用。

第五节　教学模式的灵活运用

我们已经对教学模式作了阐述性描述,可见模式的类别很多,且有着各种不同的分类方法。Joyce等(1992)把教学模式分为四种类型,即信息加工类、人格发展类、社会交往类、行为修正类。而王守仁(2008)根据不同的教学理念,把外语教学模式划分为三大类型:第一类是以教师为中心的讲授型教学模式;第二类是以学生为中心的交互型教学模式;第三类是在教学过程中兼顾教师与学生双方能动性的综合型教学模式。讲授型教学模式的主要特点是以教师为中心,课堂教学活动的主体是教师,整个教学过程以教师的讲解为主,学生只是被动地听讲,很少有课堂互动的活动。这种教学强调的是外语知识的传授,而不是语言应用能力的培养。交互型教学模式的特点是以学生为中心,学生是教学活动的主体,课堂教学内容主要围绕学生的活动进行安排,教师的角色作用主要是课程设计、组织与协调。以学生为中心的教学活动一般有结对操练、小组讨论、角色扮演、课堂辩论等,强调通过实践逐渐获得语言技能。相较于前两类教学模式,综合教学模式就是综合了各种教学模式之长处而发展起来的,强调的是要充分发挥教师与学生双方的积极性和主观能动性,同时运用现代信息技术把课堂教学的部分内容转移至课外供学生进行自主学习,提高教学效果与效率。

应该说,每一类教学模式都有其特定的优势和局限。因此,我们在教学中应该注意发挥各类模式的优势,根据教学的具体目标、条件以及学生情况,选择合适的教学模式或模式组合,灵活运用。在选择教学模式的实践中,应重点考虑以下因素:教学目标、学习过程、学生情况及教学条件。

1. 教学目标

选择教学模式时,必须首先考虑教学目标的具体要求。当知识掌握是教学的核心目标时,可以更多采用以教师活动为主的教学模式,突出系统讲授和系统训练。如果教学的核心目标是实际能力和方法的培养,那就要在教学中更多采用以学生活动为主的教学模式,突出学生的自主学习和主动探索。如果教学的核心是让学生形成某种态度或价值观,那就要采用突出社会互动、情感体验的教学模式。当然,外语教学的一堂课或一个单元往往会同时涉及多个目标,所以要灵活运用各种模式的组合。

2. 学习过程

根据外语教学的一般规律,学习过程往往较为复杂。一定的教学目标或任务都有其自身的要求,必须通过激发学生的某种学习过程才能实现。因此,教师必须要根据教学的具体目标和任务,较为周密地考虑学习活动的具体方案。从认知理论和多元智能理论的角度来看,外语学习的认知过程具有不同程度的复杂性(Stern,1984;Ellis,1994;钟志贤,2006),分别是:1)低复杂性认知过程,即认知活动包含的思维模式比较简单,是一种绝对的、非白即黑的思维模式。2)中等复杂性认知过程,即认知活动需要学生对多个方面进行综合思考,避免绝对化和盲目性。3)高复杂性认知过程,即认知活动体现出更多的辩证思维,需要灵活地、多角度地看问题,具有较高程度的抽象性和概括性。如果所要进行的学习活动具有较高的认知复杂性,那么就要选择采用结构较松散的教学模式,即教师及教学程序的控制性较低,允许学生进行更主动、更开放的探索性活动的教学模式,如发现的学习模式、基于问题的学习模式、协作性学习模式等。相反,如果所进行的学习活动主要依赖于较低复杂性的认知活动,那就可以选择结构更严格的教学模式,即教师、教学程序对学生的学习过程做详细、严格的规定,比如程序教学、以教师为主的教学模式等。

3. 学生情况

教学的最终目的是要培养人才,因此了解学生的情况和特点对于搞好教学至关重要。也就是说,教学模式必须符合学生的实际情况和认知发展水平。外语教学有其自身的规律,与学习者的年龄、性别、性格、文化、能力、习惯等都会有一定的联系(Krashen,1981;Stern,1984;Ellis,1994)。通常情况下,外语程度较差的学生对所学目的语言的认知程度也较低,会更多地依赖教师的讲解和示范,所以要采用以教师活动为主的教学模式。外语程度比较好的学生则可以采用以学生活动为主的教学模式,学生可以在已有外语认知能力的基础上,进行更为深入的有意义的建构式学习。此外,在选择教学模式时,尤其是选择某种信息化教学模式时,应充分考虑这种模式的自主性、探究性、协作性和反思性等特点以引导和促进学生的自主学习。

4. 教学条件

关于教学条件,有多种界定,如教学经费、师资力量、教材教辅、教学场地、理论方法等。但这里要考虑的教学条件主要是指在教学上可能要用的设备和资源,如计算机、教学课件、多媒体教室、语言实验室、校内网络以及其他网络信息资源。在选择教学模式时,应充分考虑到是否有足够的相应设备或条件可用于外语的教学活动,如哪些设备和教学资源可用于小组协作学习或哪些设备和资源可用于自主学习。同时也要把设备和资源的应用与教学目标和学生特点结合起来考虑,这样教学模式的功能和效果就能充分地发挥出来,否则将会限制教学模式的应用效率。

上述四点只是本专著提出的部分建议。在具体的教学实践中,教师可能会遇到更多的独特情况,所以不能按常规照搬教学模式,而是要随机应变,讲究方法,灵活运用。

第六节 小结

教学模式是指在相关教学理论与实践框架指导下,为达成一定的教学目标而构建的教学活动结构和教学方式。它是将相关教学理论转化为具体教学活动结构和操作程序的中介,是将相关教学理论与实践框架同具体教学情景相结合的结果。"基于计算机和课堂的英语教学模式"还具有信息技术应用与融合的特征,它将传统的以阅读理解为主,教师讲、学生听的教学模式转变为以听说为主,课堂综合运用的个性化、主动式学习模式,强调的是课堂教学与计算机自主学习的结合。调查发现,作为大学英语教学改革的主要成果,"基于计算机和课堂的英语教学模式"在高等院校的执行度并不高,而且出现了不少与新模式理念相悖的教学变体模式。原因是教师观念、教学条件、教学设施、教材教法等都极大地限制了现代信息技术在教学中的有效运用,不可避免地导致了新模式在实施上的偏差。鉴于调查结果,我们认为要使"基于计算机与课堂的英语教学模式"得到有效的应用,充分发挥计算机网络的超强功能,必须要对现代外语教学中的一些实际问题,如教师中心与学生中心的教学理念、信息化教学模式等有一个深刻的理解和认识。教师中心模式与学生中心模式有各自的特点,也有其优势与局限,我们的教师在具体的教学实践中应注意扬长避短,充分发挥这两种模式的优势,学会教学模式的综合运用。信息化教学模式是指以现代信息技术为基础的一种新型的教学形态。它是技术丰富的教学环境,直接建立在学习环境设计理论与实践框架基础上,包含相关教学策略和方法的教学模型。信息化教学模式有许多种,较为常见的有:基于问题的教学模式、网络探究教学模式和小组协作教学模式。应该说,每一类教学模式都有其特定的优势和局限。因此,我们在教学中应该注意发挥各模式的优势,根据教学的具体目标、过程、条件及学生情况选择合适的教学模式或模式组合,灵活运用。

第四章
计算机网络环境下的外语教师角色

在第二章,我们主要就计算机与外语教学的关系展开了调查、分析与讨论,发现除了信息技术与外语课程整合方面存在计算机的应用与功能等问题,教师的传统角色也受到了挑战。确切地说,教师的传统角色已较难适应新型教学模式的展开和实施,因为学生对教师的期望值更高,认为教师应在教学过程中发挥更大的作用。本章将重点探讨在计算机网络环境下外语教师的角色作用问题。整个探讨将从教师的角色作用出发,对在传统教学环境下与计算机网络环境下的教师角色进行调查和分析,力求通过对比分析重新构建在新型教学环境下教师的角色作用。

第一节 关于教师的作用

关于教师的作用,传统上有这样的比喻:教师,像园丁,总是辛勤地培育着鲜花而自己默默无闻;教师,像蜡烛,总是无私地照亮着别人而自己熔化;教师,更像火箭,成功地把卫星送到预定轨道而自己毁灭;等等。这些比喻似乎都在告诉人们这样一个结论:教师是"光荣的殉道者"。然而,这种"殉道者"似乎又与"绝对权威"紧密相连:园丁可以按自己的意志修剪花枝;蜡烛可以随心所欲地燃烧;火箭可以精确控制飞抵太空轨道的方向。除了"园丁"、"蜡烛"、"火箭"等以外,人们对教师的作用还有更美丽的比喻:教师,人类灵魂的工程师!也就是说,在国人的心目中教师有着非常崇高的地位,教师不但传授知识,更重要的是能像"工程师"一样塑造和培养人才,自然地在教学上,教师也就享有至高无上的"权威"。虽然我国古代教育家孔子强调"三人行必有吾师,弟子不必不如师",但是儒家所重视的师道尊严和教师的权威性在我国教育界却根深蒂固。唐代学者韩愈在其《师说》中对教师的职责和作用的论述,"师者,传道、授业、解惑也"正是这种教育思想的深刻体现。然而,在外语教学领域中,尤其是随着教学理论和教学方法的不断发展与创新以及网络信息技术的迅猛发展与广泛应用,人们对教师的期望也越来越高,从而产生了对教师角色的新比喻:"教师是一把钥匙。教师这把钥匙能打开丰富的知识宝藏,但更重要的是使学生自身成为打开知识大门的钥匙!"(陈桂生,1993:259)可见,"钥匙"的比喻说明人们对教师在人才培养方面所发挥的关键作用更为看好,而且教师角色在保持传统"权威"的前提下,逐渐呈多样化趋势。

可以说,教师的角色作用最初与课堂教学有关:有课堂,就得有教师;有教学,就会有教师的作用。而且,教师的角色作用总是随着教学理论的发展而产生变化。那么,课堂教学始于何时?据考(张正东,1999;Harmer,2000;陈坚林,2005等),课堂教学始于16世纪的欧洲,当时学校教育的基本组织形式就是课堂。因为有了课堂，教师的重要作用也就随之凸显。17世纪，捷克教育家夸美纽斯在其《大教学论》中对班级授课制作了理论上的论证和教学法上的阐释，同时也确立了教师在课堂教学中的主体角色作用。直到19世纪末，教师作为课堂教学的具体实施者仍充当着知识与技能的传授者。到了20世纪，人们研究各种教学方法的热情非常高涨，新方法更是不断涌现，如听说法、视听法、交际法等等，教师的角色也随之发生了变化，被定义为：控制者（controller）、评估者（evaluator）、组织者（organizer）、提示者（prompter）、参与者（participant）和资源提供者（resource-provider）。在课堂教学中，教师综合性地发挥以上所有这些角色，既是组织者、导学者，同时又是学习者和参与者。20世纪80年代，计算机开始全面地进入了外语教学领域，学生把计算机当作一种学习的工具来学习语言，并通过教学内容、教学过程和计算机功能的合理整合，求得最佳学习效果。进入21世纪，随着信息技术的日新月异，计算机在外语教学上已远远超出其辅助的功能，正在从"辅助"的地位逐渐走向教学的前台（详见第二章）。因此，计算机整合于外语课程，成为整个课程系统的一个有机组成部分，力求给学生提供更多自主地参与活动、进行真实语言交际的空间，已成为一种必然的趋势。这种发展趋势必然会促使教师进行巨大的角色转变。关于这种转变，Voller（1997：102）将其归纳为教师应转变成促进者（facilitator）、咨询者（counselor）和资源提供者（resource-provider）。柯森（1997）更是认为，教师将从传统课堂教学中的主讲者转变为组织者和辅导者；从课堂教材执行者转变为课堂教学的研究者；从知识学习的指导者转变为未来生活的设计者；从文化的传播者转变为知识体系的建构者。

综上所述，教师角色的演变实际上是一个动态的发展过程，可以说教师角色总是随着教学理论、教学方法与社会发展而发生变化。这也说明教师角色的发展性定位是教师本身价值的提升,是社会对所需人才规格进行调适和整理的表现。教师通过角色转变来推动学生转变在学习过程中的角色并改进其学习方法,以达到促进学生个体发展的目的。计算机网络整合于外语课程后,教师直接"传道"的方式将有所改变,而更多的是"解惑"。教师的职能除了传统的课堂传授专业知识和技能外,更重要的是对计算机网络环境下的教学模式、新型的教学环境以及学生认知方式与变化进行研究,同时对新的学习方法进行探索和提炼。这些都将促使教师的职能发生根本性的变化。为此,我们必须重新审视教师在教学中的角色、地位和作用,探讨在新型教学环境下教师角色作用的延伸与重新构建。关于教师的角色作用,课题组做了专门的调查。

第二节 教师角色的调查

一、调查目的、对象与方法

实施这项课题调查[①]的目的在于比较分析两种不同教学环境下的教师角色,从而定位和构建计算机网络与外语课程整合后的教师角色。在充分调研和考察实践的基础上为教师角色的发展提出实用性策略。

本次研究对象为非英语专业大学一年级学生,共 74 人,其中 34 名学生来自于齐齐哈尔大学的传统教学课堂(University A);40 名学生来自于宁波大学的多媒体课堂(University B)。两个学校的学生所使用的英语课本均为《新视野大学英语》。学生年龄均在 17－20 岁之间,英语学习年限均在六

---

① 这项调查由齐齐哈尔大学外国语学院副教授雷丹负责实施。

年以上。调查采用定性和定量相结合的方法进行,包括课堂观察、问卷调查和教师抽样访谈。课堂观察主要侧重于教师课堂行为、学生课堂行为以及课堂活动。问卷调查侧重于了解课前、课中及课后所反映的教师角色以及学生所期望的教师角色。问卷是按照目前在意见或态度调查中最常使用的四点或五点量表的形式来编制的。学生的选择倾向程度按照5到1的五点尺度记分方式来衡量。学生完成问卷调查后,利用社会科学统计软件包SPSS(11.0版本)对所得的原始数据进行处理。最后,对部分教师进行了抽样访谈,从中收集、整理出有意义的数据和资料,并分类整理,总结归纳出了教师对多媒体网络教学及自身角色的看法。

二、调查结果与分析

1. 课堂观察结果与分析

我们对这两所学校进行了多次的观察对比,包括各种语言技能课(精读课、听力课、会话课、阅读课等)的观察,积累了相当数量的观察资料,但是经过整理发现有不少记录类同。因此,表中保留的是课堂上在教师的作用下学生的交流和活动的观察情况。

表 4-1 课堂观察对象背景资料

对象	性别	年龄	学校	学生人数	教龄	教学熟练度
教师A	女	35	齐齐哈尔大学	34	10	好
教师B	女	32	宁波大学	40	6	好

表 4-2 教学课堂观察结果

		传统教学课堂	多媒体网络教学课堂
学生交流	教师在教学中是否组织教学活动？尤其是小组活动或两人活动？	组织小组活动、两人活动。	组织小组活动、两人活动。
	在教学活动中学生是否进行了交流？	是的，有时。	是的，有时。
学生课堂活动	在课堂活动中，学生是积极的还是被动的？	大多数学生很积极。	有些学生很积极。
	这是由于课堂活动本身还是其他因素？这与教师的课堂讲授时间有关系吗？	由于课堂活动本身。有关。	由于课堂活动本身。有关。
	学生一直都专注于课堂活动吗？还是有时会厌烦？	大部分时间学生都能专注于课堂活动。	大部分时间学生都能专注于课堂活动。
	课堂教学语言主要侧重于语法还是功能，或者其他？	语法。	语法与功能相结合。
	教学活动是否合理？	合理。	合理。

课堂观察表明，传统教学课堂（无论是会话课还是阅读课）教师占用大部分时间对单词和课文进行讲解，也会偶尔提出些问题让学生回答；而学生只是被动地听，被动地回答问题，缺乏学生间的互动。总之，教师以传统方式进行教学，课堂教学主要由教师掌控，教师主要以讲授者的角色出现在课堂上。另外，观察中发现教师正尝试着使用交际教学法来组织教学活动，但学生似乎并无积极参与的意识或主动配合的行动。

课堂观察还显示，多媒体网络教学课堂与传统教学课堂相似。不同之处是学生的英语报告和教师的课堂讲解都是在多媒体的辅助下进行的。教师讲解仍占用课堂的大部分时间。学生在参加课堂小组活动过程中如遇到困难，教师能及时给予帮助。

因此,在两种不同的教学环境下,教师扮演着同样的角色,分别是讲授者、组织者和帮助者。

2. 问卷定量调查结果与分析

在这次调查中,我们设计了一份学生问卷,目的是要通过了解学生在两种课堂上的感受,探讨教师在教学中的角色作用以及作用的变化和构建。整个问卷共含有五个方面的问题,涉及课堂教学的各个方面,主要包括教师讲解时间、课堂教学活动、教师课后角色、学生课后学习以及教师的课堂角色等。

1) 教师课堂讲授时间

表 4-3　教师课堂讲解时间频度中间值

	Minimum	Maximum	Mean
University A	1	4	3.06
University B	1	4	3.05

通过对问题 1,即教师课堂讲解时间的分析,我们不难看出两所大学的教师课堂讲解时间并没有显著差别,教师讲解占据了课堂的大部分时间,因此,两所大学的教师的角色都接近于知识的讲授者。他们的课堂仍是教师一言堂、填鸭式的灌输,只管把语言知识详细地讲解给学生,重视语言积累,忽视语言实践,强调教师的教,忽视学生的学。

2) 课堂教学活动

问卷问题 2 对教师采用的 7 个课堂教学活动进行了调查研究:(1)课堂语法/词汇练习;(2)课堂听力练习;(3)课堂阅读理解练习;(4)角色表演;(5)两人或小组讨论;(6)小组或班级辩论;(7)学生做演示(presentation)。并通过调查结果分析讨论教师的课堂角色。

表 4-4　课堂教学活动频度中间值

	(1)	(2)	(3)	(4)	(5)	(6)	(7)
Mean of University A	3.53	3.35	2.5	2.41	3.18	2.44	3.29
Mean of University B	3	2.93	2.3	1.8	2.98	1.78	2.55

由表 4-4 可见,教学活动(1)在两种教学课堂中的中间值为得分最高的项目,这说明教师在课堂上最常采用的教学活动就是课堂语法/词汇练习。因此,语言的系统学习在英语课堂中仍占有主要地位。其次,(2)课堂听力练习和(5)两人或小组讨论这两种教学活动的平均值相对较高(见表 4-4),通过这些课堂教学活动,学生的听力和口语能力得到了锻炼。调查表明,不同教学环境下的教师扮演着同样的角色:组织者、激励者、参与者。

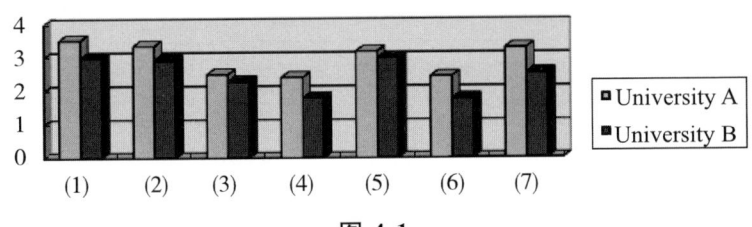

图 4-1

从图 4-1 我们可以看出,左边的条形柱都略高于右边的。这一结果表明传统课堂的教学活动多于多媒体网络教学课堂。此结果也恰好与课堂观察结果相吻合。课堂观察结果表明,多媒体网络教学课堂虽然有多媒体网络辅助,但却仍以教师为主体,采用"一言堂"教学形式。事实上,随着多媒体网络的使用,教学活动应大量引入课堂,学生应占主体地位。但是我们所观察到的课堂教学却恰恰相反。对于这一现象,教师们是这样解释的:

"上课前我认真准备教学课件。我喜欢这种教学方式,因为学生可以边听边看边学,而且多媒体网络课件大大地增加了学生学习的信息量。这也许就是为什么在课堂上我没有足够的时间

组织学生进行课堂活动的原因吧。"(访谈记录1)

"我们系规定教学要严格按照教学任务进行。每学期必须讲完一本书。所以我们的每一节课都用来讲解语言知识点,太多的教学活动会浪费课堂时间。"(访谈记录2)

3)教师的课后角色

有限的课堂学习时间不能满足学生的学习需求,教师应指导学生进行有效的课后学习。那么教师在课下应该起到什么样的作用呢?问卷问题3中列出了4类课后学习任务:(1)复习/预习课文;(2)翻译/写作作业;(3)制作PPT,为上台演讲做准备;(4)为下次的课堂活动准备材料。

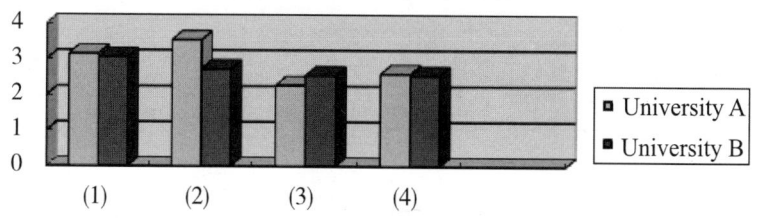

图 4-2　课后学习任务的频度平均值

按照教师布置课后学习任务的频度平均值,绘制了图表4-2,从中反映了如下信息:(2)翻译/写作作业的平均值在表中是最高的,且左边的条形柱远远高于右边的,这说明传统课堂的教师较多媒体网络教师更频繁地布置此项作业,其教学方法也略显传统。另外,与传统教学课堂相比,多媒体网络课堂中学习任务(3)制作PPT的平均值相对要高出很多,这表明在多媒体课堂中,学生非常频繁地使用电脑和PPT教学课件。值得注意的是,在两种不同的教学环境下,学习任务(1)复习/预习课文和(4)为下次的课堂活动准备材料的平均值并没有很大差别,这说明两种教学环境下的教师角色是相似的,还可以证明他们的教学都是基于课本的传统式教学,教师的课后职责也仅仅局限于布置课后作业。

4)学生课后自主学习

问卷问题4列出了13项课后自主学习活动:(1)复习课上讲的内容;(2)看其他参考书;(3)上其他辅导班;(4)背单词、做词汇游戏;(5)写英语日记;(6)看英语报纸/杂志/小说;(7)网上阅读英语新闻/文章;(8)听广播或听英语磁带;(9)网上下载听力材料;(10)网上用英语与人聊天交流;(11)网上看英文电影/听英文歌曲;(12)网上下载经典英文句子和其他英语资料;(13)用网络课件帮助学习。通过问卷调查,可以看出学生经常进行哪些课后自主学习,以及教师在其中又扮演着什么角色。

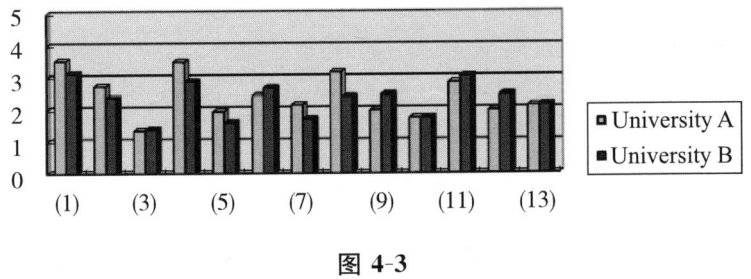

图 4-3

图4-3表明不同教学环境下,学生的课后自主学习活动是有区别的。对于项目(1)复习上课讲的内容和(4)背单词、做词汇游戏,与多媒体网络教学课堂的学生相比,传统教学课堂学生的课后时间多用于复习上课讲的内容和背单词。这表明大多数传统课堂学生的自主学习活动有很大的局限性,且教师教学方法也较传统。参照图4-3,项目(9)-(13)的右侧条形柱都高于左侧的。这表明,与传统教学课堂的学生相比,多媒体网络教学环境下的学生能够更好地利用网上资源进行学习,而且他们的自主学习能力也较强。但是,值得注意的是,如图4-3所示,这种差异并不明显。

另外,根据学生课后学习活动所涉及的学习技能,课后学习活动可划分为以下几组(见表4-5)。

表 4-5

Mean	Universities	(8)、(9)、(11) (听力技能)	(6)、(7) (阅读技能)	(10) (口语技能)	(5) (写作技能)
	University A	2.67	2.30	1.74	1.94
	University B	2.64	2.19	1.74	1.6

调查结果表明,学生虽然处于两种不同的教学环境中,但课后学习活动所反映的学习技能却大致相同。表 4-5 显示,学生的听力和阅读技能的平均值远远高于口语和写作技能的平均值。这一结果表明学生无论在何种学习环境下都更容易处于输入状态而不是输出状态。再结合以上对学生自主学习的分析,说明两种教学环境下的学生自主学习能力都很差。

5)教师的课堂角色

教师在课堂教学中的角色是多样化的。正如研究背景中提及的,教师的角色随着教学方法、教学手段以及教学环境的改变而改变。结合课堂观察,问卷问题 5 中列出了教师扮演的 5 种角色:(1)传授/讲解语言、背景知识;(2)组织、引导、协调学生进行课堂活动;(3)培训学生英语学习方法、技能;(4)检测、评估和反馈学生水平/状况;(5)推荐有用的学习资料/网站。

表 4-6 教师角色频度的平均值

	(1)	(2)	(3)	(4)	(5)
Minimum	1	1	1	1	1
Maximum	4	4	4	4	4
Mean of University A	3.32	3.24	3.35	3.15	2.18
Mean of University B	3.05	3.03	3.38	3.1	3.15

首先,调查统计结果显示,在两种不同的教学环境下教师扮演的角色存在着明显的相似之处。学生普遍认为教师角色是多

元化的:教师应该培训学生英语学习方法、技能;检测、评估和反馈学生水平/状况;组织、引导、协调学生进行课堂活动。

另外,调查统计结果还显示:与多媒体网络教学课堂相比,传统教学课堂教师更倾向于传授/讲解语言、背景知识。这也进一步说明了教师课堂讲授时间的调查结果:教师的课堂角色是讲授者或知识的传授者;而且,传统教学课堂教师更多地组织、引导、协调学生进行课堂活动。此数据表明传统教学课堂较多媒体教学课堂更加丰富多彩,学生更能自主地学习。这的确是一个非常矛盾而有趣的现象。因为在多媒体教学课堂上,计算机和网络成为教师教学的得力助手,学生应成为教学主体,在教师的指导下进行自主学习。教师应多组织教学活动,扮演指导者、组织者和合作者的角色。调查事实的相悖使我们反思什么才是真正的多媒体教学课堂,教师的角色应该如何转变?

6)学生对教师角色的期望

根据问题 5 列出的 5 种教师角色,要求学生按照教师角色对他们学习的有效性从大到小排序,从而调查出学生期望的教师角色。

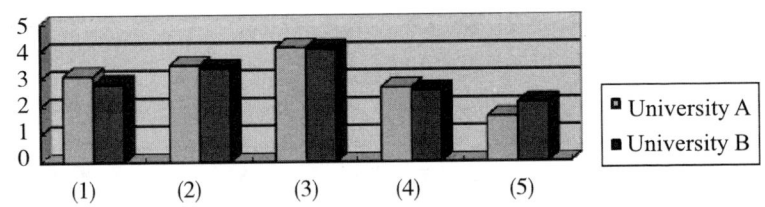

图 4-4:两种教学环境下教师角色期望值的平均值对比

对于学生期望值的分析不仅能揭示学生在学习中的需求,而且能反映出教师角色的欠缺。调查数据明显表明:在两种不同的教学环境下,学生对教师角色持有同样的期望。首先,如图 4-4 所示,条形柱(3)是图中最高的一项。这表明学生期望教师培训他们学习方法和技能。正如研究背景中所提到的,随着信息技术和网络教学的迅速发展，学生不可能学尽所有的知识，教师也无法囊括全部知识点。所以教师应该教授学生学习技巧和方法，让他们学会自主地学习。这就是这一角色之所以受到欢迎的原因。图中，(2)组织、引导、协调学生进行课堂活动的平均值位居第二，这说明学生期望教师多组织课堂活动，教师应扮演组织者、激励者和参与者的角色，教师的这些行为对提高学生的学习技能起到了促进的作用。

调查研究数据还表明，学生认为教师的(1)和(4)角色在课堂教学中同样非常重要。

同时，学生的反馈意见表明，教师的角色(5)推荐有用的学习资料/网站对他们来说并没有多大意义。这一现象说明学生很少利用网络查询资料辅助学习，教师没有为学生提供网络导航，没有引导学生合理利用网上资源。结合课堂教学观察，我们可以看出教师扮演的角色并没有达到学生的期望值。

三、分析与讨论

我们对教师在两种不同教学环境下的角色作用进行了对比研究，根据课堂观察和问卷调查的分析结果，似乎可以得出这样的结论：

在两种不同的教学环境下，教师扮演的角色大同小异。他们在课堂上的主要角色是讲授者或知识传播者；有时以组织者的身份出现；但很少作为培训者的角色对学生的学习技能进行培训，这正与学生对教师角色的期望相悖。就学生的课后自主学习而言，两种教学环境下的学生都把大部分的课后时间花费在复习课堂所讲的内容和背单词、做词汇游戏上。这仍是一种非常传统的学习方式，且教师在学生课后学习过程中并没有起到任何指导作用。

因此，根据调查研究和分析的结果，教师的角色与学生的期望值相差甚远，教师不能满足学生的需求。我们还可以得出这样的结论：我国大多数高校实行的多媒体网络教学仍处于初级阶段，并没有达到真正意义上的计算机与课程整合后的多媒体外语教学。根据访谈结果分析，这一现象与教师根深蒂固的传统教学理念、缺乏计算机资源和培训有密切的关系。这些在教师的访谈中也有所反映：

"随着网络技术的发展和教学软件的完善，多媒体网络教学越来越重要。学生可以通过网络与老外直接交流练习口语，使用各种各样的教学软件复习、练习及评测。教师的唯一职责就是在他们学习中遇到困难时，辅助他们；在他们上网查询资料时，为他们提供好的有用的网站。"（访谈记录3）

"教学改革对教师角色提出了挑战：教师应该改变观念，转变角色，做学生学习的协助者、课程开发者和教学组织者。但问题的关键是教师是否愿意接受这些新角色并且使之付诸教学。"（访谈记录4）

从访谈中，我们不难看出一些教师在多媒体网络教学过程中不断地积累经验，并且正在重新定位多媒体网络教学中教师的角色。问卷调查结果表明，教师的5种角色都或多或少地在课堂上发挥着一定的作用。但问题是不同的教师角色分别在何时、何地（怎样的教学活动中）、何种程度上发挥作用。因此，为了满足学生学习的需求，教师的角色必须在多媒体网络教学环境下进行解构和重建。

第三节　教师的角色构建

早在1995年Karavas-Dukas（引自束定芳，2004）就对教师在外语课堂教学中的角色构建进行了研究，其调查对象为世界范围

内部分有经验的教师,下面是问卷调查的结果:

1. 知识之源(source of expertise)46.4%

教员(instructor)   咨询人(informant)
讲解员(presenter)   知识提供者(input provider)
演员(actor)   信息提供者(information provider)
教学专家(pedagogist)   资源(resources)

2. 管理角色(managing roles)35.7%

经理(manager)   组织者(organizer)
导演(director)   行政人员(administrator)
公关官员(PR officer)   安排人员(arranger)

3. 建议来源(source of advice)53.5%

导师(advisor)   私人教师(private tutor)
咨询者(counsellor)   倾听者(listener)
心理咨询师(psychologist)

4. 学习促进者(learning facilitator)64.2%

帮助者(helper)   向导员(guide)
提词员(prompter)   协调员(mediator)
小组讨论的发起者(catalyst to group discussion)

5. 分享角色(sharing roles)17.8%

协商者(negotiator)   参与者(participant)
学生(student)   合作者(cooperator)

6. 关心角色(caring roles)25%

朋友(friend)   姐姐/母亲(sister/mother)
照顾者(caretaker)   支持者(supporter)

7. 课堂气氛创造者(class atmosphere creator)14.2%

娱乐师(entertainer)   鼓动者(motivator)

灵感来源(source of inspiration)

8. 评估者(evaluator)10.7%

9. 品行和努力工作的榜样(example of behavior and hard work)3.5%

从调查结果来看,我们似乎可以得出这样几个结论:1)Karavas-Dukas是在1995年,在传统教学模式下对世界各地部分教师做的此项调查。即使在教学模式较为相同的环境下,教师对外语教学过程中的角色作用的理解也是相当不同的。这说明教师的角色作用可能与被调查对象所教的学生和所处的教学环境有较为直接的关系。2)尽管教师们对其角色作用的理解不同,但大部分教师(64.2%)仍然认为在外语教学过程中教师应扮演学习促进者的角色,说明教师不应该仅仅是知识的传授者,更重要的是促进学生进行有效的学习。3)调查显示:有接近半数的教师(46.4%)认为教师的角色是知识的提供者,另有超过一半的教师(53.5%)认为教师的角色应该是建议的提供者,还有超过三分之一的教师(35.7%)认为教师有时还要扮演管理者的角色。这些都表明在外语教学过程中教师在不同的场合可以扮演不同的角色,也可因外语教学的特殊性集多种角色于一身,根据不同的教学情况、对象、目标、环境,灵活地扮演不同的角色。

Karavas-Dukas对外语教师角色的调查和研究局限于世界各地的部分教师以及较为传统的教学环境。就我国目前的外语教学情况而言,教学环境、教学手段、教学理念以及教学方法都发生了巨大的变化。尤其在以计算机网络为核心的现代信息技术全面地应用于我们外语教学各个阶段的背景下,教师在教学过程中究竟应扮演何种角色?燕山大学的王林海也对此做了调查和研究。

王林海(2007)就大学英语教师在课堂上的角色转变和现状,对72名教师进行了调查,对他们在传统教学中的角色和大学英语教学新模式(详见第二章)中的角色作用进行了对比研究。研究采用问卷调查、抽样访谈、选择性课堂观察等方法进行。调查结果发现：1)在传统教学模式中，教师的角色作用比较单一：教师就是课堂的控制者，学生除了被要求回答问题外说英文的时间不足10%。为此，教师很难成为学生学习的推动者、促进者或协调者。2)在大学英语新模式中，教师成为学生网上自主学习的资源人，在课堂上教师作为学生学习活动的参与者、促进者、推动者和协调者的角色日趋显著。学生在各类课堂学习中说英语的时间多达40%。3)教师在管理、组织和知识资源等方面的角色作用在传统教学和新教学模式中都同样存在，只是内容、方式等有所不同，新教学模式更加突出"以学生为中心"以及学习的自主性和主动性的理念。4)学生相对更喜欢新的教学模式，不喜欢传统课堂上的教师一言堂。教师作为课堂活动的参与者、促进者、推动者和协调者，与其他教师角色的合理搭配最受学生青睐。基于这些发现，王林海的研究还对教师的各种角色作用进行了全面的分析，认为教师的角色作用与教学方法、教学环境、教学理念等有着密切的关系，在这点上王林海的研究与本调查不谋而合。王林海(2007：42)同时指出"合理综合、灵活多样、促进交流、适度管理而不过分控制的课堂教师角色最能提高学生满意度。这种近乎规律性的发现无疑对大学英语教学新模式的建立具有很大的借鉴意义"。

通过上述的调查、分析和研究，我们对教师在计算机网络环境下外语教学中的角色作用有了较为深刻的了解和认识，认为教师的角色应该有个较为切合实际的定位。

第四节 教师角色作用定位

"基于计算机与课堂的英语教学模式"强调的是课堂教学和计算机自主学习相结合：课堂教学主要由教师掌控，并以多媒体课件辅助;而学生的自主学习是以网络技术为支撑,教师指导为辅助,开展个性化和主动式学习。这种新的教学模式能够充分调动学生的学习积极性、创造力以及责任感,尤其确立了学生在教学过程中的主体地位。在这种环境下,教师不再是传统观念中的"授业者",只为学生讲解语法词汇,分析课文;教学过程也不再是单纯语法知识的灌输和机械的听力训练过程,教师角色发生了彻底的转换。当然,这并不否认教师在教学中的主导作用。事实上,教师的主导作用发挥得越好,学生的主体地位才能越充分地得以实现。因此,教师的角色要有一个重新的定位和构建。根据课堂观察和调查数据的分析,教师所发挥的角色应该是动态与综合的,因此可被动态地定位为:课前角色——课程设计者和开发者;课中角色——课程讲授者和组织者,培训者及评价者;以及课后角色——协助者和学习资源提供者。

一、教师的课前角色

教师作为课程设计者和开发者

在多媒体网络教学环境下,教师从课程的执行者和使用者转变为课程的设计者和开发者。在传统的教学中,教师虽然是教学的中心,但只是表现为课程的执行和使用。而多媒体信息技术的运用使课程不再是特定知识体系的载体,而是一种发展的过程,是师生共同参与探求知识的过程,教师变成课程开发和设计的主体。

二、教师的课堂角色

教师作为课程讲授者和组织者

Tudor(1993:24)主张在传统教学课堂上,教师的两大角色是讲授者和组织者。这两大角色都将适用于多媒体网络教学环境。

调查结果表明教师当前作为讲授者或知识传播者和组织者的角色与学生的期望值有所偏差，并对于教师的这两个角色赋予了更高的要求。首先，教师应该深刻认识到学习不是简单地由教师传授知识给学生，而是由学生个体以已有的知识和经验为基础，在一定的历史文化背景下，通过学习主动建构而获得。因此，传统的以教师为中心的知识传授型教学模式应转变为以学生为学习主体的能力培养型教学模式。其次，课堂组织是教学的重要环节，教师应充当好组织者的角色。在多媒体网络教学环境下，教师除了组织好学生开展多种活动促进语言教学外，还需要监控学生与学习软件或程序之间的互动，以确保整个学习过程处于最佳状态。在解决问题的整个过程中，教师或者亲自在场，但更多的时候却像"隐形"的组织者组织开展各种活动。

教师作为培训者

问卷调查数据显示，教师作为培训者的角色受到学生的推举和欢迎。在英语教学中，帮助学生有效地学习和使用学习策略，不仅有利于他们把握学习的方向、采用科学的途径、提高学习效率，而且还有助于他们形成自主学习的能力，为终身学习奠定基础。因此，在日常教学中，教师要时刻唤醒学生的策略意识，注意加强对学生学习策略的培训。Cohen（2000：98）指出，教师作为培训者涵盖了以下角色：诊断者（唤醒学生的策略意识，帮助学生有效地选择和使用学习策略）、教导者（加强对学生学习策略的指导）、监督者（监督学生使用学习策略，把握正确的学习方向）。

教师作为评价者

美国资深教育家 G. Martin-Kniep 指出，考评量规使得学生容易辨别某项工作的优缺点，从而知道该采取哪些改进措施，因而可以促进学生的学习。无论在哪种教学环境下，学生的学习过程和语言熟练性都需要检测和评价。但是，传统的评价大多是面向结果的评价,以终结考试的成绩作为衡量一个学生的标准,整个学习可能只为了终结考试。而且教师对于考评几乎没有任何掌控,评价基本由设计好的、大量印刷的考卷决定。而多媒体网络学习是以学生的自主学习为主的新型学习方式,考评量规对于学习的促进和指导作用就更为明显。因此,教师作为评价者应重视面向过程的评价,不仅考虑到学生学习的最终成果,其学习态度、阶段性的成果、学习进步情况等都应该包括在评价范围内。

三、教师的课后角色

教师作为协助者

在教学活动中,教师和学生之间是一种相互依存、相互协作的关系。调查数据分析显示,学生的课后自主学习仍停留在传统的学习方式上,且自主学习效果不佳。这说明多媒体网络学习对学生来说是一种全新的学习方式,因此,教师要对学生加以协助,使学生适应这种新的学习方式,例如,协助学生掌握必要的计算机网络知识和技能,协助学生有效地获取信息、分析信息,使他们面对庞大的网络资源不致迷航。所以,教师作为协助者,要做到提供、介绍学习方法,回答问题,反馈信息以提高学生的自主学习能力。

教师作为学习资源提供者

在多媒体网络教学环境下,学生可以通过因特网方便地获取大量的自主学习资源;多媒体教学课件能提供图、文、声、像并茂的学习资料与练习。但由于学生自身阅历、经验和知识水平的局限,面对多样化的学习途径和学习内容,该如何调用相关信息资源进行自主学习,学生往往不知所措。为了保证学生在网中不迷失方向,教师应充当学生和信息世界的中介,弄清网上英语学习资源的特点、内容、效果,为学生提供网络导航并有效地引导学生获取和合理利用丰富的信息资源。

第五节 小结

关于教师的作用,传统上有许多美好的比喻,如教师,像园丁;教师,是人类灵魂的工程师等。从这些比喻中不难看出教师在人们的心目中的权威性。随着社会的发展和教师地位的提高,教师角色作用在保持传统"权威"的前提下,逐渐呈多样化趋势。同时,随着信息技术的日新月异,计算机全面地整合于外语课程,成为课程的有机组成部分。由此,学生将会有更多自主参与的活动、进行真实语言交际的空间,这已成为一种必然的趋势。这种发展趋势必然会促使教师进行巨大的角色转变。教师角色的演变实际上是一个动态的发展过程,可以说教师角色总是随着教学理论、教学方法与社会发展而发生变化。教师通过角色的转变促进学生的发展,并转变学生在学习过程中的角色与学习方法。应该说,信息技术与课程整合后,教师直接"传道"的方式将有所改变,而更多的是"解惑"。我们的调查研究表明,在目前的情况下,教师在传统课堂上的作用和在计算机网络课堂上的作用差异不大。在全面分析了教师的各种角色作用后,我们认为教师的作用与教学方法、教学环境、教学理念等有着密切的关系。在目前的外语教学中,我们更应该强调教师作用的合理综合、灵活多样、促进交流。教师的角色必须在计算机网络教学环境下进行解构和重建。也就是说,教师在课前、课中、课后将以不同的角色在教学中发挥着不同的作用。为此,教师的课前角色应该是课程的设计者和开发者;教师的课堂角色应该是讲授者、组织者、培训者、评价者;教师的课后角色应该是协助者和学习资源提供者。

第五章
计算机网络环境下的外语师资队伍建设

我们已经对计算机网络环境下的教学模式(第三章)和教师角色(第四章)进行了探讨和研究,认为教学模式应根据不同的教学环境进行综合运用,而教师角色应在新的教学环境下重新进行构建和定位。本章将在此基础上着重研究计算机网络环境下师资队伍的建设问题。整个研究将从教师现状着手,对教师的现有信念(观念)进行抽样调查,从中发现教师对新模式的认知状况,并由此提出计算机网络环境下教师应具备怎样的素质和素养。

第一节 教师现状

关于我国大学英语的教师现状,高等学校大学外语教学指导委员会进行过两次规模较大的调查。第一次调查始于2001年11月,抽样调查了354所学校,结果显示:1998年教师总数为

9701人,到了2001年为13474人,增幅为38.9%,而同期学生人数却增加了一倍多。调查数据显示,1998年教师总数与学生人数之比为1:50,2001年师生比高达1:130。可见,大学英语师资力量的缺乏到了何等的地步。第二次调查始于2008年初,抽样调查了231所高校,结果显示:我国大学英语教师工作量依然十分繁重,有一半以上的教师周工作量为8—12课时,教师周工作量达16课时以上的学校占到被调查高校总数的四分之一。除了周课时以外,班级规模还在不断地扩大,如在151所分大小班教学的高校中,平均班级人数为52.65人,在78所分大小班上课的学校中大班平均人数为76.1人,小班平均人数为34.1人。这说明,师资力量与教学的实际需求仍然相差甚远。调查数据还显示,这几年来教师的学历层次有了明显的提高。2001年,大学英语教师的学历以本科为主。到了2008年,被调查学校的教师中硕士学位和博士学位的比例有了较大的提高,见表如下(王守仁,2008:133):

表5-1　2001—2008年教师学历的变化情况

学　位	2001年(354所学校)		2008年(231所学校)	
硕士人数	2955人	21.9%	6703人	53.5%
博士人数	46人	0.3%	148人	1.2%

表5-2　2008年(231所学校)在读硕士、博士学位的教师情况

攻读学位	人数	比例
全日制硕士学位	828人	6.5%
硕士课程班	1188人	9.5%
全日制博士学位	434人	3.5%
博士课程班	130人	1%

照此发展下去,大学英语教师不久将以研究生学历为主。这

从一个侧面告诉我们，高校的师资队伍在学历上已有了长足的进步。但是学历程度的提高，是否意味着教学水平的提高呢？为此，蔡基刚（2006：22）对教师学历结构进行过较为深入的调查，发现事实并非如此："我国外语教师大多是为了解决职称去攻读学位的，而不是为了提高教学水平去学习。出于功利性动机，只要是博士，什么专业都可以，因此不少青年教师借助自身英语的优势去攻读法学、哲学、中文等博士学位。即使读英语的，也多倾向英美文学专业或翻译专业或理论语言学专业等。国内读硕士和博士的人较少去读和外语教学水平提高直接有关的应用语言学、二语习得、教育心理学、教材开发、测试学、教学法研究等课程。"由此，我们似乎可以断定上述数据反映的只是师资状况改观的表面情况。实际上，要使大学英语教学改革顺利发展，做好计算机网络与外语课程的整合，真正落实"基于计算机和课堂的英语教学模式"，教师的内在素质（包括信念、意识、认知及理念等）的进步更为重要，因为高水平的大学英语师资队伍是确保大学英语教学改革成功的一个关键因素。但是我国大学英语教师队伍总体来说质量不算高（蔡基刚，2006；王守仁，2008）。尽管通过一段时期的教学改革实践和各类培训，我们的师资情况有了一些改观，但这些改观也只是体现在教师数量和学历结构上，师资队伍的实际素质改观似乎并不尽如人意。因此，"大学英语师资队伍建设仍然任重道远，学校管理部门有许多工作要做，而大学英语教师自己也需努力，主动去适应大学英语教学改革的新形势，自觉成为学习型教师、复合型教师、合作型教师、教学研究型教师。"（王守仁，2008：134）

应该说，上述的两次调查规模较大，数据翔实，确实反映了目前大学英语教师的现状。但是关于教师的观念、信念、意识、认知等内在素质，数据没能实际反映出来。为此，我们课题组做了专门的抽样调查。

第二节 教师调查

这是一次关于教师内在素质的调查。本调查①主要采用了定量(问卷调查)和定性(个别访谈)相结合的方法。被调查对象(33名英语教师)来自浙江省多所大学的英语教研室,代表不同的性别、学历、年龄、教龄和职称,总体人员结构合理,如表5-3所示:

表5-3 33位大学英语教师背景信息

	性别		年龄				职称/平均教龄(年)				学历		
	男	女	20-30	30-40	40-50	50-60	教授	副教授	讲师	助教	博士	硕士	学士
人数	6	27	14	10	7	2	2/25.5	6/18.2	13/10	12/3	0	18	15
比例(%)	18%	82%	43%	30%	21%	6%	6%	18%	40%	36%	0%	55%	45%

浙江省在全国属于经济、教育较为发达的地区,因此也具有较好的区域代表性。开展本调查的目的是要了解在大学英语教学改革以及计算机网络与外语课程整合的背景下,教师的观念、教学和认知的情况。整个调查主要涉及这样四个方面:1)大学英语教师对语言教学各个方面的信念情况;2)他们的信念体系与其实际教学的关系;3)对"基于计算机和课堂的英语教学模式"的认知情况;4)"基于计算机和课堂的英语教学模式"的需求适应情况等。通过对这四个方面情况的调查和分析,我们旨在了解教师的内在素质现状。

一、教师的信念情况

关于教师信念的调查,主要有这样几个方面:语言信念、学习信念、学习者、教师角色、课堂信念、教学信念。

---

① 该调查由温州大学城市学院副教授陈冰冰负责实施。

表 5-4　教师对语言与语言学习的信念

信念项	信念类型选项	教师信念(%)	实际教学情况(%)
语言信念	一组规则系统 一种交际工具 一种习惯形式 一门学科或专门知识	3(9%) 25(76%) 0(0%) 5(15%)	不能反映
学习信念	学习是知识量的增加 学习是记忆 学习是事实和操作技能等的获得 学习是理解意义 学习是一种为认识现实的解释过程 学习是个人变化的形式	3(9%) 1(3%) 6(18%) 2(6%) 8(24%) 13(39%)	不能反映

问卷结果显示(详见表 5-4)，大部分教师(76%)认同语言是一种交际的工具，只有 9% 的教师认为语言是一组规则系统。大多数教师(63%)认为"学习是一种认识现实的解释过程"(24%)或"学习是个人变化的形式"(39%)，只有 3% 的教师认为"学习是记忆"。这些说明教师对语言的信念和对学习的信念是相一致的。既然认为语言是一种交际的工具，那么对语言的学习就不仅仅是为了"记忆"，而是一种"认识现实的解释过程"和"个人变化的形式"。应该说，教师对语言和学习的信念都是较为符合现代关于语言和语言学习的理论，如认知学习理论和建构主义学习理论等。这些都是教师进行语言教学的基础，他们对语言和语言学习的信念也反映在他们对学习者和教师作用的信念上，如下表所示：

表 5-5 教师对学习者与教师角色的信念

信念项	信念类型选项		教师信念(%)	实际教学情况(%)
学习者	抑制者		0(0%)	2(6%)
	容纳器		0(0%)	6(18%)
	客户		3(9%)	10(30%)
	伙伴		6(18%)	3(9%)
	原材料		1(3%)	6(18%)
	个人探索者		11(33%)	5(15%)
	民主探索者		12(36%)	1(3%)
教师角色	角色	语言的讲解者	3(9%)	18(55%)
		语言的示范者	11(33%)	10(30%)
		语言的交际者	19(58%)	5(15%)
	作用	传授外语知识	1(3%)	13(39%)
		指导外语学习方法	11(33%)	7(21%)
		培养外语能力	21(64%)	13(39%)
	师生关系	教和学的关系	0(0%)	16(48%)
		语言交流的关系	3(9%)	3(9%)
		交际合作的关系	9(27%)	8(24%)
		教师和学生是双主体的关系	21(64%)	6(18%)

教师对学习者的信念以及对教师角色的认同是较为统一的，没人(0%)认为学生是抑制者(不肯学习，抑制学习)或容纳器。相反，教师对学习者信念认同率较高的为学生是民主探索者(36%)、个人探索者(33%)以及伙伴(18%)。仅有9%的教师认为学习者是客户。这至少在教师的信念上说明了两点：一是没有把学生看成一个被动的"被灌输者"；二是师生在课堂上不是主宰和被主宰的关系。这两点在"教师角色"这一信念选项上得到了印证，如对教师自身角色认同为语言示范者的有33%，为语言交际者的有58%，认同自身作用为培养外语能力和指导外语学习方法的分别为64%和33%，认同课堂上师生关系为双主体关系和交际合作关系的分别为64%和27%。

表 5-6　教师对课堂与教学的信念

信念项	信念类型选项	教师信念(%)	实际教学情况(%)
课堂信念	以教师为中心	1(3%)	12(36%)
	以学生为中心	28(85%)	9(27%)
	以课程为中心	4(12%)	12(36%)
教学信念	技能型	3(9%)	10(30%)
	规则型	2(6%)	5(15%)
	借助国外语言教学模式功能型	17(52%)	8(24%)
	改革中的综合型和折中型	11(33%)	10(30%)

表 5-6 数据显示，大部分教师认为成功的大学英语课堂应以学生为中心(85%)；共 85%的教师认为大学英语教师采用的教学法应为国外语言教学模式功能型(52%)或改革中的综合型和折中型(33%)；认为课堂教学要以"教师为中心"或"以课程为中心"的分别占被调查人数的 3%和 12%。这说明教师中已普遍树立了外语教学要以学生为中心的信念，并运用国外较先进的教学理论和方法来改进我们的外语教学。

根据上述各表数据我们似乎可以得出这样的结论：大部分教师的信念是相对统一的，对各信念选项的认同保持了良好的一致关系，传统的教师信念已开始被现代先进的教师信念所替代，对语言、学习、学习者、教师角色、课堂、教学等信念的认识和理解是科学的，符合现代外语教育的先进理念。下面两位老师的访谈内容可以验证这一点：

"各种教学手法相结合，主要是根据学生主体变化做相应调整。由于班级人数差异，男女生差异，或是文理学生学习习惯及思维差异，学生水平、学生喜好、学生所期望达到的学习目标等等差异，应该因人而异采用不同的教学方法；而针对同一个群体，也要使用不同的教学方法相结合，并在教学过程中渗透好的学习习惯，以培养学生良好的学习习惯为重点，让学生接触各种英语学

习资源、英语文化,鼓励课后制订计划进行自学。"(访谈记录1)

"以学生自主参与学习为主,教师的作用更多的是培养学生的学习能力。课程设计不应拘泥于某一固定的模式,应根据具体课程内容量体裁衣地设计,将传授学习方法作为教学重点。"(访谈记录2)

"学生为主体的教学法,教学重点为语言的交际功能及其应用。"(访谈记录3)。

二、实际课堂教学情况

然而,我们的调查(表5-5,5-6)又显示,教师的实际课堂教学行为与他们的信念有很大的反差。如表5-5所示,在实际的教学中教师对学习者信念从高至低的认同次序为客户(30%)、原材料/容纳器(18%)、个人探索者(15%),对民主探索者、个人探索者的认同由原来的36%和33%分别降为1%和15%,而对客户的认同则由原来的9%升为30%。学生是客户的信念突出了学生的需求,重新构架了师生关系,部分教师口头报告强调,主要原因在于部分学生及其学校出于对现实社会需求的考虑,要求教师的教学内容需包括四、六级的相关内容,像满足客户需求一样来满足学生将来就业对等级证书的要求。相应地,对教师作为"语言的讲解者"的认同由原来的9%上升到55%,"传授外语知识的作用"则由原来的3%上升到39%,"师生的教与学的关系"由原来的无人认同上升到48%;与此相反,对语言的交际者、培养外语能力的作用、师生的双主体的教与学关系的认同则相应地有不同幅度的下降。可以说,科学、先进的外语教学信念在实际课堂教学中的执行程度并不高。

在实际教学中,共85%的教师认为自己的角色是"语言的讲解者"和"语言的示范者",这与其后的对教师角色、师生关系的选择产生了明显的冲突,因为"语言的讲解者"和"语言的示范者"的角色无法导致语言交流、交际合作和师生双主体的关系(共51%),更谈不上产生"指导外语学习方法"和"培养外语能力"(共60%)的结果,在某种程度上体现了教师教学行为的混乱和无可适从的状况。

在实际大学英语课堂中(如表 5-6 所示),教师"以学生为中心"(85%)的课堂信念的权重大部分转到"以教师为中心"和"以课程为中心"的信念之上,"借助国外语言教学模式功能型"的教学信念(52%)的权重则大部分转化到了"技能型"(30%)上,其结果导致了对课堂信念和教学信念各选项的认同趋于相对均匀和分散,说明教师在具体课堂操作上各自为政,无明显总体特征,先进的、符合现代外语教学理念的课堂信念和教学信念的认同率较低,在教师的教学实践中同样难以得到有效地执行。下面的访谈内容可以让我们更好地理解这一现状:

"采用借助西方语言教学模式功能型同时兼用技能型和规则型的教学法。重点为培养语言的能力和学习语言的能力。"(访谈记录 4)

"因受学生英语水平的影响,在实际的教学中我还是着重培养学生英语应用的各项技能,如听、说、读、写、译的能力,教学重点是学生的英语基础知识。"(访谈记录 5)

"教授知识的同时注重学生的互动,以及英语技能的培养。"(访谈记录 6)

三、对"基于计算机和课堂的英语教学模式"的认知情况

我们再来看一下教师对"基于计算机和课堂的英语教学模式"的认知和适应程度。

表 5-7 对"基于计算机和课堂的英语教学模式"的认知

对"基于计算机和课堂的英语教学模式"的认知		比例(%)
您校有否就"新型大学英语教学模式"的具体内容对教师进行过专门的培训?	有	10(30%)
	没有	23(70%)
您了解"新型大学英语教学模式"吗?	非常了解	3(9%)
	基本了解	16(48%)
	有点知道,但具体不清楚	13(39%)
	不了解	1(3%)
为了有效地实施"新型大学英语教学模式",达到改革的目的,您认为	计算机网络在外语教学中应起的作用:	
	教学的辅助工具	9(27%)
	有机组成部分	23(70%)
	可有可无的部分	1(3%)
	计算机网络与外语课程之间的关系:	
	可分割的关系	11(33%)
	辅助的关系	0(0%)
	整合的关系	22(67%)
	大学英语的教学结构应为:	
	以教为中心的教学结构	0(0%)
	以学为中心的教学结构	6(18%)
	"教师主导－学生主体"的教学结构	27(82%)
	外语教师的作用应是:	
	主导作用	14(42%)
	配合/辅助作用	19(58%)
	被动实施作用	0(0%)
	旁观作用	0(0%)
	学生的角色是:	
	传统的角色不变	0(0%)
	借助计算机的个性化自主学习者的角色	32(97%)
	二者兼有	1(3%)

据表 5-7 显示,57%的教师认为自己非常了解或基本了解新模式;如果要有效地实施新模式,达到改革的目标,认为计算机网络是

外语教学有机组成部分的占 70%、认为计算机网络与外语课程之间应为整合关系的占 67%、对"教师主导—学生主体"的教学结构的认同达 82%、对教师自身主导作用的认同为 42%、对学生借助计算机的个性化自主学习者的角色认同高达 97%。这组数据表明：有过半的教师自认为了解新模式，虽然 70% 的教师没有接受过新模式的专门培训，但除了对教师自身主导作用的认同稍低外（42%），对该模式的特点及其各部分之间关系的理解普遍较好。认同"配合/辅助作用"（58%）的部分教师报告他们的主导作用受制于或将受制于较多因素，如对自身实施新模式能力的不自信、自身传统角色转换的困难、学校对等级考试的注重等，认为从客观上考虑"积极地配合和辅助"是最佳的选择。可以说，大部分被调查的教师在没有接受专门培训的情况下，对新模式的认知已较到位，已形成了较为理想的信念。通过访谈，我们发现虽大部分教师没接受过新模式的培训，但都能给予很大的关注，如通过与同行的交流、阅读书籍、论文、文件等渠道了解和学习了相关精神、内容，这在一定程度上反映了大学英语教师主观上较强的求知欲和敬业精神。

我们再来看一下对"基于计算机和课堂的英语教学模式"的认知和"实际课堂教学情况"的比对。

表 5-8　大学英语课堂实际利用计算机网络的情况

大学英语课堂实际利用计算机网络的情况		比例(%)
您在实际的大学英语课堂中利用计算机网络进行教学吗？	是，经常用	22(67%)
	是，但只是偶尔用	7(21%)
	不，几乎不用	4(12%)
如果您现在正在利用计算机网络进行大学英语教学，您使用的教学模式为：	辅助模式	13(45%)
	整合模式	16(55%)
如果您现在正在利用计算机网络进行大学英语教学，计算机网络在您当前教学中的作用是(可选多项)：	发送 PPT/电子教材	22(67%)
	教学辅助资源的查阅	25(86%)
	已与课程进行全面的整合	7(24%)

从表 5-8 可以看出，共有 67％的教师经常在其课堂上使用计算机网络进行教学，但计算机网络更多地只是用来"教学辅助资料的查阅"(86％)和"发送 PPT/电子教材"(67％)，只有少部分的人(24％)认同"已与课程进行全面的整合"，而这与对"辅助模式"(45％)和"整合模式"(55％)的选择产生了较大的出入。这些数据再一次让我们看到了教师信念、认知和实际教学行为的脱节，教师信念没有真正地在教学实践中贯彻下去，同时也说明了大部分教师对具体整合的方式、过程，实质上还没真正地理解，因此难以找准自己适当的位置，亟待进行培训。访谈中教师关于新模式清晰的表述非常有限，具体参见下述记录：

"事实上，我还没有真正开始探索基于计算机网络的英语教学改革，因为学校没有硬性的要求，没有统一进行培训，至于计算机网络在大学英语教学改革中到底能起什么作用，还没有深思过。"(访谈记录 7)

"我觉得我自己对新模式的理解是较肤浅的，偶尔在有关刊物上读到相关的文章，没有对其本质进行深层次、全面地理解，我想总的来讲须强调以学生为中心，培养学生的自主学习能力。具体如何去做，我认为我所做的是尽可能让学生利用网上语言资源进行学习。"(访谈记录 8)

四、对"基于计算机和课堂的英语教学模式"的需求适应情况

在了解了教师对新模式的认知情况的基础上，有必要对执行新模式过程中教师的适应情况做进一步调查和分析，具体结果如表 5-9 所示：

表 5-9 适应"基于计算机和课堂的英语教学模式"的需求分析

适应"基于计算机和课堂的英语教学模式"的需求分析		比例(%)
推广和实施"新型大学英语教学模式",您认为您的教师信念是否需要进行相应的调整和转变?如是,则应进行哪些调整和转变?(可选多项)	语言信念	15(45%)
	学习信念	14(42%)
	学习者信念	20(60%)
	教师角色信念	28(85%)
	教学信念	29(88%)
	课堂信念	29(88%)
要有效地实施"新型大学英语教学模式",认您为您目前各方面的能力能胜任吗?如否,则您的具体的需求/欠缺是什么?(可选多项)	提高语言能力	6(18%)
	减轻工作量	10(30%)
	计算机网络应用知识	18(55%)
	"新型大学英语教学模式"的指导和培训	24(73%)
	学校对大学英语教学改革的支持	20(61%)
	教学方法的改善	20(61%)
在"新型大学英语教学模式"的实施过程中,下列哪些因素您认为可能会影响该模式的顺利进行?(可选多项)	外语教师自身的信息化教育技术能力	22(67%)
	学生对"新型大学英语教学模式"的接受程度	16(48%)
	计算机网络和外语课程的有机结合程度	25(76%)
	教师信念匹配度	17(52%)
	全国外语等级考试压力	24(73%)
	传统教学方法和模式	14(42%)
	学生学习的自主性	24(73%)

表 5-9 中的数据显示,大部分教师认为推广和实施新模式,首先要转变教学信念(88%)、课堂信念(88%)和教师角色信念(85%),较之于前文对教师自身主导作用、先进的课堂信念和教学信念的较低的认同,可以说明我们大学英语教师对自身角色的转换和作用的提高,对改善教学方法、提高教学效果有着较强的意识和愿望;此外,新模式的指导和培训(73%)、教学方法的改善(61%)、学校对大学英语教学改革的支持(61%)、计算机网络应

用知识(55％)等选项被大部分的教师认同为目前自身能力上的需求或困难;计算机网络和外语课程的有机结合程度(76％)、全国外语等级考试压力(73％)、学生学习的自主性(73％)、外语教师自身的信息化教育技术能力(67％)、教师信念匹配度(52％)被大部分的教师认同为可能会影响该模式顺利进行的主要因素。显然,这些数据在很大程度上已经为我们解释了教师先进的信念、认知与实际教学行为脱节、难以得到有效执行的原因。由此可见,自2004年教育部颁布《课程要求》以来,我们教师的信念以及实际课堂教学基本没发生变化,大部分教师在课堂上仍然是"语言的讲解者"和"语言的示范者",信念、认知与教学行为并不一致,大学英语课堂没有产生本质上的变化。

综上分析,我们可以得出以下结论:1)大部分被调查的教师具有相当类似的信念体系,传统的教师信念已开始被现代先进的教师信念所替代,对各信念项的认识和理解是正确和科学的,符合现代外语教育先进理念的要求。但是,这些信念在实际教学中执行程度并不高,课堂教学出现了各自为政、无可适从的状况。2)除了对教师自身角色、作用的认识较为模糊外,表面上,新模式的理念基本上已被大部分教师所接受,已形成了较为理想的信念,但实际上,教师信念的稳定性并不高,对具体计算机网络与外语课程整合的方式、过程还没真正地理解。计算机网络主要的作用仍然是电子板书和查阅的工具。教师信念、认知与实际教学行为严重脱节,没有真正地在教学实践中落实下去;大部分教师的教学实际上相当盲目,尤其是对何谓"教师中心"和"学生中心"的教学认识相当模糊。3)大部分大学英语教师有着较强的求知欲,对自我教师角色的转化和作用的发挥有着较高的期望和强烈的紧迫感,尤其希望就新模式得到培训和指导。

从上述三点结论来看,教师看似都能接受新的教学理念,然而一旦付诸实践就会无所适从,出现认识模糊、计划随意、教学盲目等现象。可以说,即使教师的数量再增加,学历程度再提高,这种现象也不会及时解决。众所周知,大学英语教学改革的核心是要把计算机网络与外语课程有机地整合起来,并通过计算机技术的应用来提高外语教学的效益。"早在1987年,博克(Bork)就曾预言,微型计算机将会使学校发生根本性的变革,但是时至今日,不断涌入学校的最新技术并没有给学校带来大规模的效益。"(Morrison & Lowther,2002:2)也就是说,博克预言中的根本性变革并没有发生。这或许要归因于我们还没有学会如何有效地应用技术,或许要归因于我们对计算机与课堂教学整合还缺乏认识和基本的理解。因此,大学英语教学改革要成功,教学质量要提高,教师内在素质是关键。

第三节 教师素质

何谓教师素质?根据《辞海》(1995:1378)的解释,所谓"素质",是指"人或事物在某些方面的本来特点和原有基础。在心理学上,指人的先天的解剖生理特点,是人的发展的生理条件,但不能决定人的心理内容和发展水平。某些素质上的缺陷可以通过实践和学习获得不同程度的补偿"。那么,教师素质,应该是指对教师要求的完整体系,是经过熏陶和培养的"心理内容"和"发展水平",而贯穿于其中的两条交叉主线是人格与学术,即德与才、道与行、格与专。这是人格与学术和谐结合的良好素质(钟启泉,1999)。教师素质一般都会在教师的工作实践中反映出来,如教师的信念(观念)、能力、方法、知识等状况。这些也是对教师个体素质的要求。

一、个体素质要求

对教师个体素质的研究由来已久,早在 20 世纪 30 年代美国学者就试图寻找"真正教师"的特征,现代学者也以各异的方法对此进行探索:有的采用实证的手段,通过对优秀教师的个性特征、知识能力、思想品德等方面的分析,提炼出优秀教师的素质;有的通过经验总结的形式,对教师必须具备哪些素质进行全面归纳;也有采用未来学方法,对当代和未来教师素质进行演绎(钟启泉,1999)。而且,世界各国也都根据本国教育发展的实际情况对教师素质提出了自己的要求,如日本临时教育审议会所要求的教师素质为:对学生教育之爱;富有教养和人性化;作为教育者的使命感;教育的理念;加深理解人的成长与发展;有关教科书等专门知识;实际的综合性指导能力;与学生交流等。又如在西方社会里,对教师的招聘一般都遵循著名的 The Alec Rodger's Seven-Point Plan(陈坚林,2000):

1. Physical i.e. age, health, fitness, etc.
2. Attainments i.e. education, experience, etc.
3. Intelligence i.e. what qualities required, etc.
4. Aptitudes i.e. writing skills, mechanical, etc.
5. Interests i.e. literature, travel, sports, etc.
6. Disposition i.e. cheerful, calm, self-reliant, etc.
7. Circumstances i.e. weekend working, travel, car driving, etc.

上述 7 点对教师的健康、能力、资格、兴趣、性格等都有一定的要求,可以说对教师的要求是相当全面的。当然,就中国的大学而言,办学要具有中国社会主义特色,要着眼于培养社会主义建设的有用人才。在这样的目标指导下,国家对教师(尤其是外语教师)当然会有自己的要求和标准。简单地说,教师必须要具

有符合我国社会发展的办学方向的基本素质。陈坚林（2000：120）认为"人的素质应包括两个方面：一是知识；二是性格或品格。两者应相辅相成，互相作用。一个人有了知识就可以逐渐地改变和完善个人的品格，而优秀的品格和性格（如谦虚、好学、热情、开朗、善解人意等）也为更多地获得知识提供了可能。对于教师来说，个体素质的这两个方面显得尤为重要。知识是教的内容之一，个人品格却能影响教的方法和效果。"

除了以上两个方面，还应注意与外语教学特点有关的品格和专门知识，尤其是知识能力素质，主要有以下一些方面："教师应精通所授学科的基础理论、专业知识、技能技巧，熟悉与本学科相关的学科知识。特别是英语教师，还应有比较广博的文化修养以及广博的英、美国家的文化背景知识。除此之外，英语教师还应具备较高的教育学科知识，如教育学、教育心理学、教学法理论等，有着较强的教学实践能力和组织管理能力，懂得教学的一般规律。语言教学既是一门科学，又是一门艺术。英语教师要教好英语，还需懂得和掌握英语教学的特殊规律和方法。当今各种新的英语教学方法不断出现，新的教学理论不断形成。尤其是近年来，外语教学理论逐渐将重心移向了学生这个主体，外语教学活动的组织也越来越强调'以学生为中心'的原则。因此，英语教师不但应该重视学习和研究的教学方法和教学理论，更重要的是，应该把它们灵活、有效地运用于教学实践中去。"（陈坚林，2000：198）

除了上述素质外，我们认为，作为21世纪的外语教师，还应该具有与新世纪发展相适应的改革意识、创新意识和终身学习意识。在目前的外语教育形势下，外语教师更应具备和计算机网络与外语课程整合相关的重要素质，即信息素养。

二、信息素养

关于信息素养，在学术界有各种界定，被较为普遍接受的有这样三种：第一种是美国图书馆协会（ALA）于 1989 年提出的界定：具有确认信息、寻找信息、评价信息和有效使用所需信息的能力等四个方面。第二种是日本文部省于 1991 年在《信息教育指南》中把信息素养定义为"信息的判断、选择、整理和处理的能力和信息的创造、传递的能力，对信息社会的特性和信息化对社会及人类影响的理解，对信息重要性的认识和信息的责任感，掌握信息科学基础及信息手段的特性和基本操作"。第三种是 1992 年《信息素养全美论坛的终结报告》对信息素养所作出的详尽表述："一个有信息素养的人，能够确定信息需求，形成基于信息需求的问题，确定潜在的信息源，制订成功的检索方案。也包括基于计算机的和其他的信息源获取信息。对信息能够进行评价、组织并能用于实际。将新信息与原有的知识体系进行融合以及在批判、思考和解决问题的过程中使用信息。"

第一种界定显得较为微观而具体；第二种界定相当宏观，在社会的层面上作了具体的定义；第三种界定实际上是一种对信息素养较为全面的描述。综合这些界定，似乎可以把信息素养较为现实地概括为：信息素养，具体是指一个人能够认识到何时需要信息，能够检索、评价和有效利用信息，并且对所获得的信息进行加工、整理、提炼、创新，从而获得新知识的综合能力。确切地说，信息素养是一种处理信息的综合能力，而这种能力的培养必须包含以下三个基本点（徐明成，2008：41－42）：1）信息技术的应用技能主要指利用信息技术进行信息获取、加工处理、呈现交流的技能。这需要通过对学习者进行信息技术操作技能与应用实践训练来培养。2）对信息内容的评判与理解能力。在信息收集、处理和利用的所有阶段，批判性地处理信息是信息素养的重要特征。对信息的检索策略，对所要利用的信息源，对所获得的信息内容都要逐一进行评估。在接受信息之前，会认知信息的有效性、信息陈述的准确性，识别信息处理中的逻辑矛盾，这些素养不仅要通过计算机技术训练来形成，而且还要通过加强科学分析、思维能力的训练来培养。3）善于运用信息，具有融入信息社会的能力，主要是指信息使用者具有强烈的社会责任心，使信息技术的应用能推动学科进步。这些素养的形成主要通过思想、情操的训练来培养。

上述三个基本点从理论上讲确实较为全面地反映了个体人员在信息能力方面应具备的素质要点，但是从实际操作的层面来看，要真正把外语教师培养成具有如此全面的信息能力，确非易事。此外，三个基本点强调的都是信息能力的培养，而外语教师需要的是信息能力和教学能力相结合的整体素养。因此，他们更需要的是"信息－教学"素养的培养。

三、"信息－教学"素养

鉴于目前我国外语教学的现状，我们认为教师应具备四方面基本的"信息－教学"素养：

1）用好"活书"的能力。在信息技术迅速发展的今天，教材已呈多媒化趋势。教材多媒化就是利用多媒体，特别是超媒体技术，建立教材内容的结构化设计、动态化发展、立体化表达与形象化呈现。它们不但包含文字和图形，还呈现声音、动画、录像以及模拟的三维景象。在这样的多媒体学习材料中，尤其是网络学习平台上，各画面之间好像有着无形的链条互相串联，这种无形的链条被称作超链，这种超链使原本的"呆板书本"变成了"活书"。因此，在计算机网络环境下，我们的教师应具有用好"活书"的"信息－教学"能力，着力探讨和研究如何把"活书"课程设计好，如何把"活书"的内容重新开发好以及如何使学生把"活书"学好。

2）选好资源的能力。随着网络的发展，我们已享有资源的全球化。资源全球化意味着全世界的教育资源链成了一个知识、信息的海洋,供全球用户享用。网络上的教育资源有许多类型,包括教育网站、虚拟软件库、虚拟图书馆、电子书刊、新闻组合、各类数据文库等。面对海量资源,我们的教师应该具有选好资源、优化组织资源的能力。

3)设计好虚拟环境的能力。外语教学环境虚拟化意味着教学活动在很大程度上脱离了物理空间和时间的限制,是网络外语教学的重要特征。虚拟环境包括虚拟教室、虚拟校园、虚拟场景、虚拟图书馆等。我们的教师应该学会如何根据外语教学的主题、要点、学生情况、设备条件、文化背景等设计好虚拟的外语教学环境。

4)学会信息化教学方式。信息化教学方式主要包括教学个性化方式、学习自主化方式和任务合作化方式三个方面。教学个性化主要是指利用网络教学平台及其他海量资源,根据学生不同的个性特点、多元智能发展情况、爱好需求等进行教学和提供帮助;学习自主化主要是指利用信息技术支持的自主学习方式,教师要做自主学习的资源提供者、辅导者和促进者;任务合作化主要是指通过计算机与网络合作的方式,完成特定的学习任务。教师应该培养和提高自己任务设计、任务组织、任务评价的能力。

四、体验与培养

关于教师"信息－教学"素养的培养与提高,陈冰冰等(2007)曾建议教师需要体验以下三个过程:1)教师需要体验如何将计算机作为工具去获取新知识,即用好"活书";2)教师需要体验计算机的基本功能与学生的学习之间可能有哪些关系,即选好资源;3)教师需要利用他们所了解的关于学生学习的知识和关于技术的知识,去设计、管理、维持以学生为中心的、多维的学习环境,即学会信息化教学方式,设计好虚拟教学环境。

首先,我们的学校生活,大部分是在传统的课堂上度过的。在这样的环境中,总是教师讲解,学生听讲或做笔记,课堂活动无非就是回答问题、做练习、写作文、进行测试等。因此,当我们要求教师以学习促进者的角色设计教学计划,将技术作为工具整合到教学活动当中去的时候,他们基本上没有任何可以借鉴的经验。因此,对教师而言,既然他们试图让学生利用计算机去获取新知识,他们自己首先要认识到课本已不再是原来意义上的传统教科书,而是融多媒体与信息网络技术于一体的"活书"。要做好教学,教师当然得体验一下这种学习活动是怎样进行的。体验一下学生的角色,不仅有助于教师感受到将计算机用于教学的好处,也有助于教师了解计算机与教学整合的细节过程,如学生可能会遇到什么样的问题和挫折等。有过这样的体验,教师就会在具体教学上更加得心应手地用好"活书"。

其次,教师一般都会基本的计算机操作和应用,如利用文字处理功能设计测试卷、利用电子表格功能做学生成绩册或利用数据库设计学生信息表等。但是,教师往往还没有学会对计算机基本功能的分析,以及对资源的最佳组合和利用,以便确定这些功能和资源能够对学生起到什么作用。通过对数据库的分析,我们可以看到,数据库可以用来对数据进行分类、匹配、查找和分组。如果教师了解数据库的功能,就能选好资源(优化资源),设计出技术整合的活动,让学生将课文分析的有关信息输入到数据库中。通过数据库的操作,学生能够发现存在的共同要素或模式。通过整合资源和数据库的活动,学生不仅掌握了相关信息,而且通过这些数据的操作(比如排序和分类),解决了问题,发现了新的信息。

第三,教师在了解计算机的基本功能后,结合他们对学生是如何学习的了解,利用信息化教学方式,设计好虚拟教学环境,促进学生的学习。首先需要做的是设计:在计算机整合课程中,设计是第一步的。当教师担当起设计者的角色,课程的每一个方面(尤其是信息化教学模式的选择)都需要给予精心的考虑和安排,以支持和促进学生有意义的学习。创建学习环境是第二步:这一步需要教师担当起学习促进者的角色。在传统课堂上,教师为学生提供的是学习的内容,主要形式是教师的讲解,有时候加上学生的阅读。学习促进者的角色与此完全不同,不是简单地把内容告诉学生,而是给学生提供一个资源丰富的学习环境,指导学生如何进入其中的学习活动。在这个学习环境中,学生合作地进行学习或者解决问题。作为学习促进者,教师在学习过程中密切地关注每一个小组的进展,以问题激发学生思考并通过思考作出决策,解决问题,完成学习任务。

通过上述三个过程的体验,教师就会对何谓"信息-教学"素养有一种较为全面的感性认识,他们的"信息-教学"素养自然就有可能得到培养和提高。

第四节 教师培训

除了教师需要体验的三个过程,正规、权威的教师培训也必不可少。所幸的是,教育部对外语教师的培训工作非常重视,不仅建立了中国教师网络培训中心(教育部主办),而且还委托有关出版社定期举办教师培训。这些培训工作或项目对外语教师素质的提高以及"信息-教学"素养的改进具有极大的推动作用。关于教师培训,我们认为培训一定要有利于促进教师素质的提高。为此,我们提出三点建议:

一、促进信念体系的完善

教师培训应注重促进教师信念体系的完善。一般说来,合理的教师信念体系是因文化、社会和时代改变而变化的动态系统，它需要在实践中进行检验和调整。本研究显示：我们的大学英语教师队伍是一支正在完善、信念体系雏形比较健全的队伍，但时值这新的教学观念刚形成之际，其信念体系还不很稳定，出现了反弹和无法落实的现象。当然，这与教师信念还较稚嫩不无关系，但同时也受制于我们当前社会文化环境的影响，没有社会、学校、人文这些大环境的扶植，再好的信念都会出现摇摆现象。因此，我们认为各高校首先应在政策层面上尽量消除实施大学英语教学改革的阻力，如学生学位与全国外语四、六级考试脱钩等；同时在增加软件、硬件及人力、物力的投入、改善教师评价体系等方面给予大力的支持，积极创建有利于新教学观念形成和实施的生态的、人本的、和谐的社会文化环境，以支持、维护教师信念体系的进一步完善。

二、促进教学观念的转变

教师培训应注重促进教师观念的转变。大学英语教学改革的核心是"基于计算机和课堂的英语教学模式"，这一新模式的实施需要教师在观念上实行有效转变。首先，培训的基本内容应该着眼于进一步澄清、落实和强化新模式的理念，并转化、改变旧模式的理念，其中基于我国大学英语教学特殊环境下教师自身角色的定位和作用、教和学的结构、师生关系结构内容等也应成为培训的重点内容之一。其次，培训应强调信息技术与外语实际课堂教学相结合，突出信息技术的教育应用，而不是技术本身（陈琦，1997：63）。具体而言，不但应包括人工智能、数字化和信息网络三大关键技术工具的应用，还应包括现代教育技术的理念和方法、生态型外语教学环境的构建及信息技术与外语课程整合的具体方法、案例讨论等内容，以提高外语教师整体的实践水平，确保教师主导地位有效、灵活地发挥。由于我国大学英语教师数量庞大,培训任务任重而道远,为了真正有效地达到培训目的,我们认为教师培训应有职前和职后培训之分:职前教师的培训应纳入教师教育的专业体系中去,让我们将来的年轻教师从受专业教育的初期就有机会吸收先进的教学观念,培养接受信息技术和外语课程整合的能力;职后教师培训应纳入国家整体的教师培训体系,在职教师应轮流接受短期或长期的专门培训。这些培训可以由专门的教师培训机构或国家专门委托的培训部门进行操作实施,培训内容应与当前外语教学改革的形势密切相关,有助于教师观念的转变和"信息－教学"素养的提高。只有通过职前、职后培训的有机结合,我国大学英语教师队伍的总体素质才会有明显的提高,才能适应新形势下大学英语改革的需求。

三、促进信息能力的提高

教师培训应注重促进教师信息能力的提高。在新模式下,教师应具备以下基础理论和基础技能,如信息时代英语教学理论基础、技术基础和艺术基础,在综合这三者的基础上形成英语信息化教学的驾驭能力。教学理论基础包括网络学习理论、网络课程与教学理论、网络教育传播理论。技术基础包括多媒体技术、数据库技术及通信技术。具体来说,教师培训是一个长远而具体的规划,要有学校专门的部门进行筹划,并有一定规模的资金投入。师资队伍建设好了,被"移植"的教学新模式才有可能"成活"并发挥作用。在教师信息能力的培训方面,我们已有较为成功的实例,如上海外语教育出版社举办的教师培训就相当健全,尤其是"信息－教学"培训计划权威而完善,这可从东南大学莫锦国教授所制订的培训计划中略见一斑:

"菜单式"外语教师"信息－教学"培训计划

注：
1) "教育技术"指 ICT（信息交流技术）及与其整合的教学理论、教学方法等的研究。
2) "菜单式"包含两层意思：
   ① 培训班开设不同模块的课程。学员可根据自身情况与需求选择不同模块中的内容。
   ② 在相同模块的课程中，开设不同级别的课程供学员自由选择。

一、举办本培训班的意义与目的（背景）

进入 21 世纪，特别是在 2007 年教育部正式颁发《大学英语课程教学要求》后，中国的大学外语教学改革，在中国教育最高层的关心与指导下已经取得很大的成绩，"基于计算机与网络的外语教学"的理念已经在广大外语教师中得到了认可。然而，鉴于学科的原因，广大外语教师运用计算机进行这种新模式的能力不强。他们中的很多人很想在这新一轮的教改中有所作为，但实在是"心有余而力不足"。因此，他们迫切需要得到教育技术的培训。

由于教育技术涉及的面很广，根据本人了解的广大外语教师的需求情况，本学习班主要是提高外语教师在 ICT 环境下获取并简单整合外语教学与科研中所需资料的能力以及使用 PPT（PowerPoint）制作课件的能力。本人认为，外语教师目前的工作主要是根据所教授的课程设计出能在计算机与网络上进行教学的课件脚本（即教案），而这项工作计算机专家是完不成的，只有靠从事外语教学的广大教师。但要想设计出优秀的课件脚本，对外语教师而言不是那么容易的，他们必须首先学会在 ICT 环境下获取并简单整合外语教学中所需的资料。本培训班的宗旨就是给广大外语教师提供这么一个机会。

(接上表)

二、本培训班课程模块设置

本培训班的特点就是课程的"菜单式"模块设计,即各院校可根据具体本院系外语教师的具体情况选择不同的模块开课。目前,本培训班的课程有 6 个模块:1)图片的获取与处理;2)音频的获取与处理;3)视频的获取与处理;4)PPT 制作;5)文本的获取与处理;6)经典网站介绍。

此外,本培训班可分两个层次举办,即初级班与高级班。课程设置的项目大体相同,但具体内容有较大的区别。愿意参加培训班的教师可根据自己的情况报名参加。由于许多教师对自己究竟报名哪个级别心中不太有数,以下列出报名参加不同级别人员的基本条件,以便帮助报名者作出正确选择。

参加初级班人员的基本条件:

1) 没有参加过任何计算机水平考试;
2) 自己认为计算机水平较差;
3) 对静态图片、音频、视频的各种格式基本不懂或只懂一、二种;
4) 对各种软件基本不懂或只懂一、二个;
5) 在教学中基本没使用过多媒体,包括教学光盘;
6) 在教学中只用过现成的教学光盘,没从事过任何其他与多媒体教学有关的工作;
7) 经常上网查资料但没有系统的方法,只有碰运气。

参加提高班人员的基本条件:

1) 曾参加过计算机水平考试,并获得过一定级别的计算机等级考试证书;
2) 虽没参加过计算机水平考试,但一直在自学计算机操作,并自认为计算机水平较好;
3) 对静态图片、音频、视频的各种格式懂一些,但不多;
4) 对静态图片、音频、视频的各种格式转换懂一些,但不多;

（接上表）

> 5）对各种软件的安装、使用懂一些，但不多；
> 6）在教学中经常使用计算机或网络，但从来没有自己制作过课件；
> 7）经常上网查资料，并能获取一定的资料，但没有系统的方法，特别是很难找到与主题有关的视频资料。
>
> 以上所列条件仅供参考，也许有些教师觉得本人的条件与某一种班参加人员的条件不完全吻合，你可参加某一级别的7项条件中与你吻合较多的那个班。

莫教授的计划应该说十分周全：在"信息－教学"方面，计划重点要培训教师信息交流技术、与其整合的教学理论以及教学方法，而在实际操作上，采用"菜单式"方式，如开设不同模块的培训课程（学员可根据自身情况与需求选择不同模块中的内容），在相同模块的培训课程中，又有不同级别的课程供学员自由选择。莫教授的培训计划已实施多年并在不断改进和完善之中，在全国高校外语教师培训中已逐渐树立了品牌。

第五节　小结

关于我国大学英语的教师现状，高等学校大学外语教学指导委员会进行过两次规模较大的调查。两次调查表明近年来外语师资队伍在学历上已有了长足的进步，但是学历程度的提高，并不意味着教学水平的提高。实际上，要使大学英语教学改革顺利发展，做好计算机网络与外语课程的整合，教师内在素质的进步更为重要。为此，我们课题组做了专门的抽样调查。整个调查主要涉及教师的信念、意识、认知和理念等几个方面。通过调查和分析，我们了解了教师的内在素质现状，即大部分被调查的教师具有相当类似的信念体系，传统的教师信念已开始被现代先进的教师信念所替代，但是这些信念在实际教学中执行程度并不高，课堂教学出现了各自为政、无可适从的状况；教师信念、认知与实际教学行为严重脱节，没有真正地在教学实践中得到贯彻与落实。因此，大学英语教学改革要成功，教学质量要提高，教师内在素质是关键。教师素质包括两个方面：一是知识；二是性格或品格，两者应相辅相成，互相作用。知识是教的内容之一，个人品格却能影响教的方法和效果。除上述素质外，作为21世纪的外语教师，还应该具备与计算机网络与外语课程整合相关的重要素质，即"信息—教学"素养的培养。良好的"信息—教学"素养应包括四个方面：用好"活书"的能力、选好资源的能力、设计好虚拟环境的能力、学会信息化教学方式。要具备这样的"信息—教学"素养，教师须体验三个过程，即教师需要体验如何将计算机作为工具去获取新知识的过程；教师需要体验计算机的基本功能与学生的学习之间可能有哪些关系的过程；教师需要利用他们所了解的关于学生学习的知识和关于技术的知识，去设计、管理、维持以学生为中心的、多维的学习环境的过程。除了教师需要体验的三个过程，正规、权威的教师培训也必不可少。教育部对外语教师的培训工作非常重视，不仅建立了中国教师网络培训中心，而且还委托有关出版社定期举办教师培训，这些培训工作或项目对外语教师素质的提高以及"信息—教学"素养的改进具有极大的推动作用。教师培训要有利于促进教师整体素质的提高。为此，我们提出三方面的建议：1）教师培训应注重促进教师信念体系的完善；2）教师培训应注重促进教师观念的转变；3）教师培训应注重促进教师信息能力的提高。

第六章
立体式大学英语教材的开发和利用

计算机网络与外语课程整合成功与否,教材的作用非常关键,因为教材是技术与课程整合的具体体现,是实现课程目标的重要环节。然而,目前的大学英语教材在某些方面制约了整合的进程,不能有助于实现课程目标或有效地发挥现代信息技术的超强功能供学生在课外进行网络自主学习(详见第二、三章)。

目前用于大学英语教学的教材种类繁多,其中不乏理念较为先进的优秀之作,为我国大学英语教学的改革和发展作出了很大的贡献。但也无可否认,有不少教材在使用后不能达到预期的效果,尤其是在如何有效实施"基于计算机和课堂的英语教学模式"上,并不尽如人意,引起了不少要求改进现有教材的呼声。为此,我们经过较为广泛的调查,对现有教材进行了分析与思考,旨在探讨如何使教材能更加适应教学改革的要求,有助于计算机网络与外语课程真正地整合起来。为便于阐述,本章①将从当前的大

---

① 本章的许多主要数据由课题组成员黄芳、寿恩黛、赵学旻、倪惠等提供。

学英语教学改革的目标出发,借鉴大学英语教材发展的经验,对现有教材进行探索性分析和评估,并在此基础上提出第五代大学英语教材的研发构想。

第一节　关于大学英语教学改革

如前所述,2004年教育部颁布了《课程要求》,并开始了全国规模的大学英语教学改革。《课程要求》确定了英语教学的课程目标,即培养学生的英语综合应用能力,重点是学生的听说能力,并据此提出了"基于计算机和课堂的英语教学模式"。根据教学改革的目标和新的教学模式,教育部推荐了四套大学英语教材,并选定了一定数量的学校,先后进行了几轮的试点,取得了一定的效果和进展。

关于大学英语教学改革,作者先后发表了一些文章,对一些热点问题进行了探讨。首先,作者对《课程要求》的理论基础以及新模式的理论内涵和运用进行了探讨和分析,阐述了现代信息技术在现代外语教学中的重要意义,并在此基础上提出了计算机正在快速地走向教学的前台,强调了教材应体现教学的个性化和超文本化的观点(陈坚林,2004)。此后,作者又从现代信息技术快速发展和超强的计算机功能等角度,较为全面地论述了计算机在现代外语教学中的地位和作用已经发生了根本性的变化,再也不能只强调其"辅助"的功能,提出了计算机在外语教学中正在从辅助走向"主导"的观点(这里的"主导"不是指计算机将完全替代教师,而是指计算机在构建生态化教学环境中是一个必不可少的有机组成部分,是一种不可或缺的工具),旨在阐明外语教学中教材必须融合进现代信息技术,充分发挥超强的计算机功能,使计算机真正成为我们的学生在外语学习上的学伴，大胆放手地让学生在计算机上进行自主的外语学习，以此缓解紧缺的教学资源（陈坚林，2005a）。随着教学改革的深入和发展，作者又认为要有效地进行大学英语教学改革，教师必须要改变观念，尤其要正确理解在外语教学中如何从以教师为中心转变到以学生为中心上来以及如何从完全的课堂教学转变到计算机自主学习上来。实际上，"教师中心"模式和"学生中心"模式都有其深刻的理论基础以及自身的长处与短处，不能简单地把"教师中心"与"单纯地传授语言知识"等同起来，也不能把"学生中心"简单地与"培养语言运用能力"等同起来。应该要注意扬长避短，充分发挥两种模式的优势，学会教学模式的综合运用。为此，作者提出了计算机网络应该与外语课程进行全面的整合，并设计了5种基本的（与教师中心和学生中心相关的）教学模式（陈坚林，2005b）。为进一步完善这5种基本的教学模式，作者又对计算机网络与外语课程的全面整合进行了进一步的阐述，认为计算机（现代信息技术）、教学内容、教师、学生应该构成一个生态化的外语教学环境，使教师和学生在整合的教学环境中相互作用、相互补充、相互转换，真正使教师和学生的作用在教学中充分地发挥出来。计算机网络与外语课程整合至少可有三大突破：1）打破了课本为知识唯一来源的局限；2）能创设理想的外语学习环境；3）改变了传统的教学结构（陈坚林，2006）。

上述的这些观点（尤其是计算机网络应与外语课程全面整合）旨在阐明大学英语教学改革所需要解决的一些实际问题，同时也表明目前所使用的大学英语教材还很难适应大学英语教学改革的要求。换言之，目前的大学英语教学改革要求我们的教材必须是：教学理念先进化，教学内容立体化，教学手段现代化。的确，目前的大学英语教材看上去一般都达到了这些要求，但是稍加分析就会发现不少教材在实际的使用上并没能有助于达到教学改革的实际目标。正如刘润清等（2003）指出的那样："高校英语教师仍然有相当多的人对现有教材不满意，对教材很满意的人极少，认为现行教材不适合教学改革的人占两成以上。"为什么这些理念较新、质量较高的大学英语教材反而还不能适应教学改革的要求呢？在对此进行探讨之前，我们先来看一下大学英语教材的发展轨迹。

第二节　关于大学英语教材的发展

在我国高校，非英语专业学生的英语教学最初被称为公共英语教学，1986年开始改称大学英语教学，在其发展的过程中，有过不少使用广泛的优秀教材。经回顾总结（董亚芬，2003；李荫华2002），大学英语教材按时间大致可分为四代：

第一代教材从1961年至文革前。主要有上海交大、同济、华东化工和上海工学院编写的《高等工业学校英语》、复旦编写的《文科英语》、华师大编写的《理科英语》和上海二医编写的《医学英语》。这些教材所采取的方法都是50年代的传统模式，即以课文分析为主，以语法为纲，着重培养学生的阅读能力。第二代教材从1979年到1985年。这一时期使用最为广泛的教材是上海交大的《英语（理工科通用）》、清华的《英语教程（理工科用）》、复旦的《英语（非英语专业用）》。这些教材基本上仍然遵循第一代教材的传统模式，以课文为中心，以语法为纲要，但在教学形式上有所突破。前两套教材虽然还是以科技文章为主，培养学生的阅读能力，但起点较高，而且开始注意听、说、写的兼容，如有会话意念功能，配合课文内容的听力和常用科技文章写作等。第三代教材从1986年到90年代中期。教材开始按大纲要求进行编写，"根据分级教学，各编六册，每级一册"，并分为

"精读、泛读、快速阅读、听力、语法与练习等五种系列教材"。编写原则是:"第一,文理打通,把教学重点放在语言共核上。教材力求做到:1)题材、体裁多样,避免内容过专过偏的文章;2)选材应注意趣味性、知识性和可思性;3)语言基础和交际能力并重;4)突出阅读技能培养;5)博采众长而不是片面求'新'"。其中由复旦、北大、华师大和中国人大合编的《大学英语》,由上海交大编写的《大学核心英语》,由清华编写的《新英语教程》以及由高教社与麦克米伦出版公司合作出版的《现代英语》等使用最为广泛。第四代教材从90年代后期开始,先出现了《21世纪大学英语》、《新编大学英语》等教材。进入21世纪后,又出现了许多具有时代特征的教材,如《新视野大学英语》、《大学体验英语》、《新时代交互英语》、《大学英语(全新版)》、《必胜英语》等。原来一套教材统天下的格局被打破了。第四代教材开始利用现代信息技术,从纸质平面教材向以多媒体网络为依托的立体式教材方向发展。尽管第四代教材采用了现代信息技术,但传统的教学模式仍未被打破。

从这四代教材的发展情况来看,它们都具有这样几个共同特征:第一,传统教学模式,注重阅读能力的培养;第二,教材系列化,分工越来越细,听、说、读、写基本各成一体;第三,教材的编写一般都由教育部所属的重点院校的专家、教授承担,这从一个侧面说明教材更适用于重点院校的学生。这些特点似乎告诉我们,教材发展很快,但与现代外语教学的理念仍有相当的距离。应该说,第四代教材相比前三代教材,有了非常大的变化和进步,主要体现在两个方面:一是编写理念较为先进,能综合体现各种教学理论与教学方法;二是教材立体化,不仅有纸质课本,而且还有音视频光盘和网络版教材。然而,这些变化,尤其是物理概念上的变化,是否能够满足当前大学英语教学改革的要求呢?能否很好地实施"基于计算机和课堂的英语教学模式"呢?我们下节将作分析。

第三节 关于第四代大学英语教材

第四代教材是这次大学英语教学改革所使用的主要教材,对这代教材的分析应充分考虑计算机网络与外语课程整合所涉及的各种因素,因此教材分析主要基于这样四个方面:教材与目标、教材与使用、教材与技能、教材与技术。

一、教材与目标

一般来说,教材是课堂教学的主要内容,要向外语学习者提供符合外语学习规律的语言素材和学习方法。教材从某种意义上说也是一种工具,专为语言学习这一目标服务,是用来实现根据学习者需求而制定的教学目标的资源。因此,对教材的分析和评估,应结合教学大纲和外语课程的培养目标来进行。为此,Cunningsworth(1995:15—17)专门提出了教材评估的四项原则:
1) 教材应该与学习者的需求相吻合,与语言教学课程的目的和目标相吻合;
2) 教材应反映目前和将来对语言的使用,选择可以帮助学生有效地为自我目的使用语言的教材;
3) 教材应该考虑到学习者的需求,应该对其学习的过程起到促进的作用,不应教条地套用某一教学法;
4) 教材应该起到对学习过程提供支持的作用,与教师一样,教材应该成为目标语和学习者之间的桥梁。

根据上述四项原则,尤其是第一条,可以这样认为:教学大纲与教材的关系是一种目标与手段的关系。大纲确定目标,教材用于实现目标。因此从教学角度而言,一般总是先有大纲,后有相关教材，教材必须根据大纲的教学目标进行编写。但是，就我们目前所使用的教材而言，并非如此。众所周知，我国大学英语教学到目前为止所遵循的主要有三个教学大纲，这些大纲对教学目标的描述分别是：

"大学英语教学的目的是培养学生具有较强的阅读能力，一定的听的能力，初步的写和说的能力，使学生能以英语为工具，获取专业所需要的信息，并为进一步提高英语水平打下较好的基础。"——1986年的《大学英语教学大纲》

"大学英语教学的目的是培养学生具有较强的阅读能力和一定的听、说、写、译的能力，使他们能用英语交流信息。大学英语教学应帮助学生打下扎实的语言基础，掌握良好的语言学习方法，提高文化素养，以适应社会发展和经济建设的需要。"——1999年的《大学英语教学大纲》

"大学英语教学的目的是培养学生的英语综合应用能力，特别是听、说能力，使他们在今后工作和社会交往中能用英语有效地进行口头和书面的信息交流，同时增强其自主学习能力，提高综合文化素养，以适应我国社会发展和国际交流的需要。"——2004年的《大学英语课程教学要求》

从三份大纲的描述来看，很显然，1986年和1999年的大纲把培养学生以阅读能力为主的语言基本功作为大学英语的目标，而2004年的课程要求则强调学生的英语综合能力的培养，尤其是听说能力。虽然目前的大学英语教材无论在编写方法上、内容选材上，还是在教学理念上、教学手段上都有了非常大的进步，但是大多数教材基本上都是在2004年之前完成编写的。也就是说，现有的教材大多还是根据1999年的《大学英语教学大纲（修订版）》而编写的。因此，课程的教学目标与2004年的《课程要求》的教学目标不相吻合。从这一点上看，目前使用的大学英语教材对实现《课程要求》所确定的教学目标似乎还有相当的距离，不能完全适应大学英语教学改革的要求。此外,虽然各套教材都有听说课本或视听说课本,似乎非常符合《课程要求》的教学目标,但是它们的使用是否都已达到应有的效果呢?那就来看一下它们的使用情况。

二、教材与使用

目前各院校使用的几套教材一般都有预备级教材、精读教材(综合教程或读写教程)、泛读教材、听说教材、视听说教材、快读教材等,除纸质课本外,还有单机版和网络版教材,不仅系列化,而且大而全,见表如下:

表 6-1 主要教材规模

教材名称	学生用书	教师用书	总数
21世纪大学英语	15册	10册	25册
新视野大学英语	20册	20册	40册
大学英语教程	10册	10册	20册
大学英语(全新版)	22册	20册	42册
新时代交互英语	18册	16册	34册
大学体验英语	19册	19册	38册

这些都是我国各高校用得非常普遍的教材,除教师用书外学生用书一般都在15册以上。有的甚至多达20册以上。试想一下:一个大学生除了学习英语外还要学习其本身的专业课程,在短短的四年大学时间内(一般外语课开设时间为两年)能学得了那么多吗?即使是英语专业的学生,也可能学不了这么多册书。正如蔡基刚教授(2006:372)所指出的那样:"现在第三册以上大学英语课本已经和英语专业教材没有什么区别了,那是在用培养英语专业学生的方法来培养非英语专业学生了。"

如表 6-1 所示,主要教材一般都非常系统,而且册数众多,但

实际使用的效率却十分低下,这可以从高等院校的教学课时量的安排中略见一斑,见下表:

表 6-2　上海部分高校的英语教学课时量

学校名称	教学学期数	教学周数	周学时	精读周学时	听说周学时	泛读周学时
同济大学	4	18	4	2.5	1	0.5
上海理工大学	4	16	6	4	2	0
第二军医大学	4	15	4	2	1	1
上海电力学院	4	16	4	3	1	0
上海工程技术大学	4	16	4	3	1	0
上海出版印刷高等专科学校	4	16	4	3	1	0
上海医疗器械高等专科学校	4	16	4	3	1	0
上海师范大学天华学院	4	18	5	3	2	0
上海东海学院	4	16	6	4.5	1	0.5

表 6-2 所示数据表明各院校基本上都在按《课程要求》的规定安排教学,教学周数和教学学期数基本一样,每周的课时量也只是略有差别,都是在 4 至 6 个课时之间。但周课时的分配,精读都要占去一半以上,有的甚至更多。听说课每周一般都只有一个课时,泛读课时则更少。周课时分布情况说明,各院校都非常重视精读课,因为精读是为学生打下英语语言基础的关键,主要是培养学生的阅读能力,然而对于听与说的课时安排似乎过少。这与《课程要求》所强调的"培养学生听说应用能力"的要求有很大的差距。试想一下一个课时的听说时间是相当有限的,而现在大学英语的班级人数最起码有数十人,以我国 10 所重点院校为例(蔡基刚,2006:24):

表 6-3　10 所重点大学大学英语教学班级规模

学校名称	每班平均人数	学校名称	每班平均人数
北京大学	40	浙江大学	40
清华大学	35	南京大学	35
中国人民大学	33	中国科学技术大学	48
复旦大学	40	武汉大学	40
上海交通大学	40	厦门大学	50

这 10 所重点大学每班平均人数为 39.6，重点院校相比其他一般院校，其招生规模是严格控制的，因此其他一般院校的班级平均人数都要远远超出这 10 所重点大学。如果一课时的听说时间为 45—50 分钟，每个学生能轮到听说的时间是相当有限的。而教材的内容又那么丰富，如《大学英语全新版－听说教程》每册基本上都是 16 个单元，每单元都由 A、B、C、D 四个部分组成，上课时教师只能蜻蜓点水似的利用一些课文内容。精读教程(有的称作"综合教程"，也有的称作"读写教程"或"读写译教程")一般都是由 8 个单元组成，看上去单元不多，但实际上内容极为丰富，每个单元不仅有课前准备练习(pre-reading task)，而且还有正课文(Text A)和副课文(Text B and C)以及大量与课文相配的各种练习。然而学校的课时是有限的，教师为了完成工作量只能赶进度，似乎每周都得上新课(蔡基刚，2006)。这种赶进度的教学可能产生的直接后果是：1)一切围着课本转，教师主宰课堂，难有创新；2)教学程序化，按部就班地讲解和练习，教学变得枯燥乏味；3)由于教学程序化和教师主宰课堂，学生始终处于被动地位，成为知识的被"灌输"者，学习兴趣被逐渐地消磨掉。即使是这样的教学节奏，仍然有些课文单元或课文内容不能完成或不能有效地加以利用。下面是摘选的部分教师在调

第三节 关于第四代大学英语教材

查访谈时的一些反映：

浙江某高校一教师："我们使用的是新视野教材，一学期下来总有相当多的内容上不完，因为中间我们还要进行一些四级考试的练习。"（访谈记录1）

江苏某高校一教师："有时教材内容太多，所以精读课时，只能集中讲 Text A，其他的阅读材料基本上是不用的。即使这样学期结束时总有一到两个单元不能完成。"（访谈记录2）

安徽某高校一教师："我们还是传统教学，课本配套的教学光盘基本上是不用的，不知道学生用不用，我没调查过。"（访谈记录3）

上海某高校一教师："我们是地方性学校，领导很重视四级考试，教材中与考试内容相关的，学生有兴趣，虽然我们有听说课本，但大多数学生只重视考试，所以课本基本不用。"（访谈记录4）

虽然只是部分地区的部分教师的反映，但具有相当的代表性。因此，教师的这些反映多少说明了现在教材的利用率是很不理想的，原因是：1）内容和课时不能相协调，这么有限的课时量使教师很难完成教材所含的全部内容；2）现代信息技术的超强功能没能充分地发挥，造成配套光盘的利用率低下；3）四、六级考试虽然明确不与文凭挂钩，但实际上各校还是非常重视的，总有一部分课时会用于四级考试的准备和训练。当然，课后学生可以利用网络版教材进行自主学习，但网络版的内容又与课本内容重复，自然很难提高学生再学习的兴趣。这种低下的教材利用率怎能适应大学英语教学改革的要求，达到《课程要求》所确定的教学目标。正如戴炜栋教授（2001）所指出的那样："这不仅造成令人遗憾的学习资源浪费，费时费力，而且引发了英语学习中的一种'懈怠'，由内容重复引起的学习自满。"

三、教材与技能

根据《课程要求》,我们的英语教学目标是要培养学生的综合语言应用能力,所谓的"综合能力"当然不是指单一的语言技能(如阅读、听力等),而是指一种较全面地应用听、说、读、写、译的能力或语言交际能力。那么,何谓语言交际能力?按照 Canale 和 Swain(1980:67)的观点,语言交际能力由四方面的知识和技能构成:语法能力(grammatical competence),即能够用语言准确地产生和理解句法形式、词汇形式和语言形式的能力;社会语言能力(sociolinguistic competence),即能够在特定的社会文化环境中得体地使用语言的能力;语篇能力(discourse competence),即能够组织连贯的话语而不是孤立的句子的能力;策略能力(strategic competence),即能够有效地向倾听者传达信息的能力,包括在交际过程中使用交际策略解决问题的能力。Hymes(2000)也表达了与此类似的观点,认为语言交际能力应包含语法性、可接受性、得体性以及实际出现的可能性等四方面的要素。由此可见,我们所说的综合语言应用能力包含了交际能力和语言能力,而我们的教材并未有效地帮助学生从单纯的语言技能向交际能力转变。Krashen(1982)曾指出在课堂教学中,学习者获得的显性语言知识(learned knowledge)只是存在于学习者意识层中的语言形式,很难向正常交际中所需的隐形语言知识(acquired knowledge)转换,而隐形知识是一种内化了的交际能力。因此,现行的大学英语教材是要帮助学生打好语言基础,而语言基础是不会自动转变为交际能力的。

众所周知,目前的教材一般都分为综合(或读写)教程、听说教程、视听说教程等,而且教材的编写都采用听、说、读、写分而治之的方法,把单个技能分开设计。虽然这种编写方法具有操作简便、针对性强的特点,但是并不符合语言综合应用教学的规律。

首先，在现实社会生活中，人们的语言技能（听、说、读、写）往往是一种整体，不能逐一细化，如在日常交往中，人们必须相互听懂才能导致相互交流，这就牵涉到听和说两种语言技能。因此我们说，综合的语言交际能力并不是指听、说、读、写等技能的简单相加，而是指由这些基本技能加上语言策略、文化知识等能力相互交织所构成的语言应用能力的综合反映。教材把听、说、读、写等技能（在练习设计方面）割裂开来的编写方法实际上是把单一语言技能当作了教学的目标，不能真正有效地提高学生的综合应用能力。其次，教材的这种编写方法将会间接地导致教学上对某一种语言技能的偏重或忽视，有可能使学生的语言应用能力失衡。如前所述，第四代教材基本上还是在强调语言基础与阅读能力的大纲思想指导下编写而成的，其主干教材也由"精读"改名为"综合"，并在教材中加进了口语讨论与写作活动等内容，但是教材精讲细读的编写理念未变。因此，这样的教材怎么能有效地培养学生综合语言应用的能力？

四、教材与技术

我们再来看一下教材与技术的关系，这里的技术主要是指以计算机网络为核心的现代信息技术。现在，各主要教材都在努力地利用现代信息技术使教材"立体化"，因此就有了教学配套光盘和教材的网络版。但是，信息技术在这些教材载体上的体现和应用远没能达到预期的效果，计算机网络的超强功能也没能得到充分的开发和利用。顾曰国教授在2006年"全国计算机网络与外语课程整合"研讨会上就目前的网络外语教材做过这样的总结：网络教材一般呈六种基本形式：第一种为文字＋电子版；第二种为文字＋音频材料；第三种为文字＋视频材料；第四种为文字＋动画材料；第五种为讲座形式；第六种为引进版，其中最差的是前面两种。原因是前两种的网络教材实际上是纸质教材的翻版，无任何意义。目前各高校使用的第四代教材的网络版实际就是文字+电子版。这样的教材所起到的实际作用就是：1）文字+电子版或文字+音频在本质上都是纸质课本的"翻版"，只是物理载体发生了变化，故称教材"搬家"，对于提高外语教学效果无任何实际意义；2）"搬了家"的教材没有跳出课本的框框，课堂上学什么，网络平台上还得进行"第二次"自主学习，这可能有些好处，如能复习巩固已学内容，但学生的学习兴趣荡然无存；3）完全不能体现学习的个性化，网络版教材装在局域网上，几十个或几百个学生学一样的东西，在课堂上学过的材料根本得不到延伸和发展。这对于现代信息技术的超强功能来说未免太可惜了。这也可以从我们对学生的访谈中略见一斑：

广州某高校学生："我一般不在课后学习，主要是时间不够，再说网络版教材与书本一样，再去看就浪费时间了。"（访谈记录5）

浙江某民办高校学生："上课认真听老师讲解就可以了，再看内容一样的网络版教材，就没必要了。"（访谈记录6）

广西某高校学生："我从没看过教学用光盘，只要能通过四级考试就可以了，光盘好像没有多少用处。"（访谈记录7）

上海某高校学生："我们学校安装了各大出版社的网络教材，但我只看过一次，原因是它们基本上与课本一样。"（访谈记录8）

从上述访谈记录来看，学生对目前网络版教材普遍持消极的态度，其中主要原因就是网络版教材与课堂用书没有什么两样，学生很难有兴趣再利用有限的课外时间进行自主学习。束定芳教授（2004:157）也曾做过一个关于外语教材方面的调查，并发现了类似的情况："学生更希望通过比较自然、轻松、有趣的方法来学习外语，愿意仅通过教材来学习外语的人数只占到6%左右。这一方面说明现有的教材还无法全面反映丰富多彩的语言活动，教师的课堂教学也常常是枯燥乏味，远离真实的语言交际活动；

另一方面则反映出学生渴望在真实的语言活动中学习语言,渴望形式多样的语言输入,渴望真实的交际环境中展示和锻炼自己的语言交际能力。"目前教材的网络版根本就没能充分利用信息技术的超强功能,怎能使学生在真实的语言活动中学到真实的语言呢?这显然是令人怀疑的。

通过上述分析,我们似乎可以得出这样的结论:第四代教材已经完成从纸质平面教材到多媒体立体式教材的过渡,有进步,但"以教师为中心"的教学模式未被打破。虽然教材载体多样化,但教材资源未被充分地利用,其主要原因是教材的本质仍以阅读能力的培养为主,教材的网络版是纸质教材的翻版而非延伸,计算机只是被看做一个辅助的工具,没能与课程完全整合,没有真正成为生态化外语教学环境中一个有机组成部分。有鉴于此,目前的教材很难达到大学英语教学改革的要求。因此,第五代教材的开发和编写就变得刻不容缓了。

第四节　第五代大学英语教材的研发构想

如前所述,计算机网络应与外语课程全面整合,计算机应成为整个生态化教学环境中一个必不可少的有机组成部分。第五代教材的开发和编写应该建立在这样一个原则基础之上,同时根据《课程要求》的教学目标,在对学生的学习需求、学习动机和学习心理等因素有较全面的把握后,建立一个总的教学过程模式,用以指导整个教材的板块设计,如下图所示:

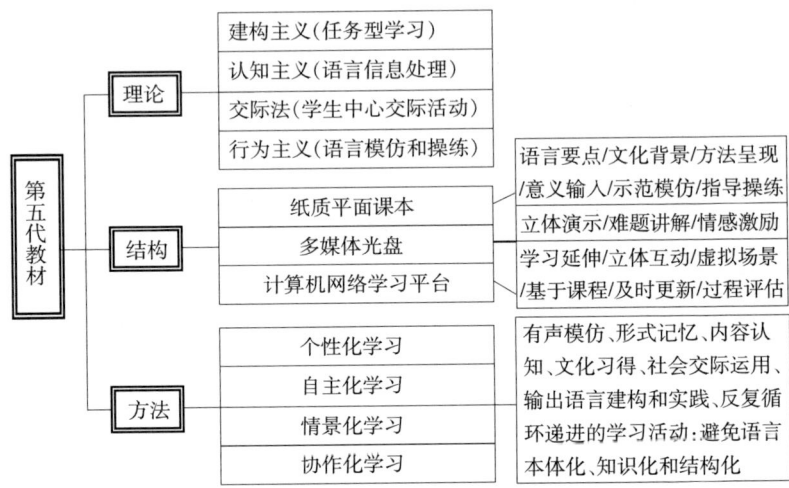

图 6-1 第五代大学英语教材的框架

从上述教材的整体框架来看,第五代教材应该融听、说、读、写、译为一体,是一个综合性的外语教学系统。整个教材由三大板块组成,即理论、结构、方法。

第一板块——理论,是整套教材的基础,或是整套教材的理论依据。整个第五代教材应该采取兼容并包的态度,创造性地采用有关二语习得、语言学习理论和教育心理学等理论的一些最基本的教学策略和方法,形成一套符合中国大学生实际的教学和学习策略。这其中既有行为主义心理学强调的语言模仿、句型练习的合理成分,也有认知主义心理学和学习理论中注重学习主体的语言信息处理过程的方法;既有交际法以学生为中心,积极进行交际活动,讲求语言交际中的有效性的理念,也有建构主义任务型学习活动的参与。甚至在教学的一些环节中也不能完全排除语法翻译法的一些合理成分,比如教学中恰当的母语参与和提示在语言学习活动中不仅可以产生语言习得的正迁移作用,还可以为学生对有意义的语言输入提供积极的认知导向作用(黄必康,2005a)。应该说,在外语教学上各种理论的建立和发展都有其成功合理的一面,也有其局限和不合理的一面。在具体的外语教学实践中各种理论都曾为广大的外语教学人员和学习人员所接受和运用,并取得过不少成功的经验。然而,理论的应用不能一味地追求其新,而是要有效地使用其合理的部分,或适合本教学情况和教学特点的理论部分。因此,对教学方法比较科学的认识应该是"教学方法本身无优劣,主要看为何目的、何时何地、如何使用。没有一种教学方法是灵丹妙药,主要看使用的具体对象和具体环境"(戴炜栋,1994)。同时,必须充分注意到,我国的大学英语教学具有其特殊的现实:缺乏目标语实用语境,造成语感形成和语用的困难;学生群体庞大,起点水平参差不齐,师生比例严重失调,总体缺乏理论指导等。在此状况下,我们不应盲目套用某种或某几种外语教学理论来指导教材编写和教学实践。应充分认识现状,从实际出发,综合运用各种教学理论,重视和总结我国大学英语教学独特的教学经验,走出自己的大学英语教学的道路。有鉴于此,第五代教材的理论基础应该是各种理论的合理部分,如建构主义的任务型学习、行为主义的模仿和操练、认知主义的语言信息处理机制、二语习得理论的输入假设以及交际理论的交互活动等。

第二板块——结构,是整套教材的主体部分。在编写理念上,"要坚持语言有意义的信息输入(meaningful input),坚持输入内容在主题方面有机联系,互相印照,反复循环,争取最大限度地实现学生对同一主题的语言输入信息的多种形式的模仿、认知、交流和任务性语言实践活动的有意义展开,以此逐渐让学生形成以听说能力为基础的英语综合运用能力"(黄必康,2005b)。因此,教材的结构部分也是教材的物理构成部分,应包括纸质平面课本、多媒体光盘和网络学习平台。课本、光盘、平台三者的关系是:课本是根本,是整套教材的内容主体。课本的内容以主题原则(theme-based)编写,重点是在相关的文化背景下呈现语言要点和学习方法等,强调的是有意义的输入、任务型练习以及有指导的操练等。课本内容应该做到简约型与全面性相结合,简约型是指语言的精炼性、真实性和实用性;全面性则是指内容主题覆盖的广泛性,应包含现实生活中的各个方面。光盘是补充,是充实、演示和讲解内容的"钥匙"。光盘的功能是使内容得到立体化呈现,充分利用计算机虚拟技术创造出与内容相互匹配的语言环境以增强课文的讲解效果,既清晰立体地解释难题,又能激励情感,提高学习和钻研的兴趣。平台是延伸,是整套教材内容的延伸和发展。平台的内容决不是课本或光盘的翻版,而是学习内容的延伸和扩展,其内容不是基于某一本教科书,而是基于教学的课程大纲,其主要内容既与课本中每个主题相关联,又是每个主题内容的"无限"延伸和扩张,如课文的某主题内容是 soft drinks,可能课本的内容只是讲了世界上数百种 soft drinks 中的几种,不可能包罗万象,但是除此以外的其他 soft drinks 的信息都可以在网络平台上找到并进行学习。这里的延伸不仅体现在内容上,而且还体现在练习、方法、评估上。网络平台可以充分发挥其易于变更的优势,将其内容经常更新(如每月更新一定比例的内容,也可每年更新较大比例的内容等),及时的内容更新和变化可以使整套教材更加灵活、先进、真实,符合实际和易于操作。纸质平面课本、多媒体光盘和网络学习平台这三者之间既相互联系、相互作用,又相互转换、相互补充,是一个有机的整体教学结构。

第三板块——方法,是整套教材的操作部分,也是教材实际的使用部分。在我国大学英语教学的特殊语境中,我国大学英语学习应该是学习者以学习内容主题意义为先导,自觉自主的兴趣学习活动,是一个通过教师在课堂示范指导,学生有意义的模仿操练,主动的反复认知,循环模拟实践的有声意识活动,还是一个充分借助现代传播技术和计算机网络技术进行个性化、广泛的语言拓展体验活动。因此,这一部分强调的是一种整体教与学的方法,包括情景化学习、个性化学习、自主化学习、协作化学习等。在这些方法的具体实践中,教师的作用和学生的作用都会发生根本性的变化。在整个教学中,教师可能还是教学的主导,但已不能"主宰"课堂,课堂教学再也不是教师讲学生听的局面;学生已由被动的知识的被灌输者转变成知识的主动建构者,他们逐步地成为学习的主体,打破了课本是知识唯一来源的局限。整个教与学的过程强调的应该是有声模仿、形式记忆、内容认知、文化习得、社会交际运用、输出语言的建构和实践、反复循环和递进,从而避免语言的本体化、知识化和结构化。

这三大板块的关系是:理论是基础,结构是主体,方法是操作。它们互为依据、互为重叠、互为转换,构成了一个灵活、方便、经济、高效、便于更新、易于操作的新一代立体化外语教学系统。第五代教材所体现的教学理念应该是基于对外语学习过程的动态理解,它不同于传统的、重视语言知识和书面符号的认知,以教师讲授课文和提问为主,学生课堂操练语言重点难点以及课后巩固性练习为辅的线形的、平面的外语学习模式,而是以语言有声交流为教学起点,通过有意义的语言材料的输入,不同方式的交流互动学习,各种教学手段的循环利用和学生网络化自主学习使课堂学习得到充分的延伸和扩张,达到较强的听说能力和语言综合运用能力的培养。

第五节 小结

作为大学英语教学改革的纲领性文件,《课程要求》确定了英语教学的课程目标,即培养学生的英语综合应用能力,重点是学生的听说能力,并据此提出了"基于计算机和课堂的英语教学模式"。为达到此教学目标,我们的教材必须是:教学理念先进化,教学内容立体化、教学手段现代化。的确,目前的大学英语教材看上去一般都达到了这些要求,但是稍加分析就会发现不少教材在实际的使用上并没能有助于达到教学改革的实际目标或"基于计算机和课堂的英语教学模式"的实施。回顾大学英语教材的发展轨迹,我国高校自20世纪60年代以来已开发了四代大学英语教材。从这四代教材的发展情况来看,它们都具有这样几个共同特征:第一,传统教学模式,注重阅读能力的培养;第二,教材系列化,分工越来越细,听、说、读、写基本各成一体;第三,教材的编写一般都由教育部所属的重点院校的专家、教授承担,这从一个侧面说明教材更适用于重点院校的学生。这些特点似乎告诉我们:虽然教材发展很快,但与现代外语教学的理念仍存有相当的距离。应该说,第四代教材相比前三代教材,有了非常大的变化和进步,主要体现在两个方面:一是编写理念较为先进,能综合体现各种教学理论;二是教材立体化,不仅有纸质课本,而且还有音视频光盘和网络版教材。然而,这些变化,尤其是物理概念上的变化,并未满足当前大学英语教学改革的要求以及"基于计算机和课堂的英语教学模式"的有效实施,因为第四代教材在教学目标、使用效率、技能培养、技术运用等四个方面出现了偏差,不能有助于实现课程目标或有效地发挥现代信息技术的超强功能。有鉴于此,第五代大学英语教材的开发和编写就变得刻不容缓了。为此,笔者提出了第五代教材的研发构想:教材整体由三大板块组成,即理论、结构、方法。理论,是整套教材的基础,或是整套教材的理论依据;结构,是整套教材的主体部分,包括纸质课本、多媒体光盘与网络学习平台;方法,是整套教材的操作部分,也是教材实际的使用部分,强调的是一种整体教与学的方法,包括情景化学习、个性化学习、自主化学习、协作化学习等。这三大版块互为依据、互为重叠、互为转换,构成一个灵活、方便、经济、高效、便于更新、易于操作的新一代立体化外语教学系统,旨在有效地培养学生综合的语言应用能力。

第七章
外语课程生态化探究

这是本专著的最后一章。之前,我们探讨了计算机网络与外语课程整合后,外语教学所出现的诸多问题,包括计算机与外语教学的关系、教师的角色作用、教学模式、师资培训、教材开发等等。在探讨过程中,我们发现计算机网络进入了我们的外语课程后,外语教学发生了巨大变化,出现了诸多失调现象(mismatches),传统的外语教学环境被打破了。如何使失衡的教学环境重新走向平衡,使信息技术真正地融入课程,发挥其功能?这正是计算机网络与外语课程整合研究的关键问题之一,也是本研究的实质所在。为此,本章将从生态学的基本理论出发,深入探讨计算机网络进入外语课程后教学环境的变化和发展,重点研究由这些变化所导致的失调现象及其成因与对策,使外语教学重新进入兼容、动态、良性的发展轨道。

第一节 教学变化与失调

传统的外语教学,有其独特的教学要素。这些要素经过长期教学实践的磨合,已在课程系统中处于最佳的兼容状态,构成了平衡、稳定的外语教学环境和内在协调的生态系统。然而,计算机网络与外语课程整合后,基本的传统要素(如教材、内容、方法等)被新的要素(如多种媒体、网络内容、技术方法等)所替代,自然也会引起许多教学上的变化。

一、变化

教学上的变化主要反映在这些要素上,如教学目标、方法、手段、观念、教材、教师作用、环境、评估等。在教学目标方面,传统的外语教学重点是培养学生的阅读能力,注重的是知识的灌输与掌握,而技术与课程整合后教学目标转移至学生的语言应用能力,特别是听说能力的培养上;在教学方法方面,传统外语教学采用的是语法翻译法,讲究课文的精讲细读与模仿操练,且以教师为中心,而整合后的外语教学把单一传统的教学方法转变为立体式、个性化的教学方法,注重的是课堂教学与课外学生自主学习相结合,且以学生为中心进行主动的知识建构;在教学手段方面,传统教学采用单一的课本、黑板加粉笔的手段(尽管也有些直观教具),而整合后的外语教学广泛应用以计算机网络为核心的信息技术创设虚拟学习环境,开展任务型、个性化外语教学;在观念方面,传统教学往往围绕着教师和课本,因为教师和课本是学生知识的唯一来源,教师控制并主宰教学,而整合后的外语教学将从教师中心转变至学生中心上来,从完全的课堂教学转变至学生自主学习上来;计算机从辅助的地位走向了教学的前台,不再是教学的辅助工具,注重教学资源的优化与组织;在教材方面,传统教学使用的是纸质平面教材,内容单一,注重机械模仿和操练,而整合后的外语教学使用的是立体式教材("立体式"指的是物理概念上的纸质课本、音频光碟、视频光碟、音视频光碟、网络学习平台等),教材内容呈多媒体化,讲究的是立体式综合教学;在教师作用方面，传统教学要求教师成为教学的绝对控制者，掌握教学中的一切，扮演着讲解者和引导者的角色，而整合后的外语教学要求教师成为教学的帮促者，帮助或促进学生进行主动的知识构建和学习；在环境方面，传统教学的主要环境是课堂，学生缺乏语言学习的真实环境，只能在课堂有限的时空环境中学习外语，而整合后的外语教学可借助计算机网络的超强功能创设拟真的学习环境供学生进行语言学习和操练；在评估方面，传统教学注重的是终结性评估方式，即以学习成果（考试成绩）为主要评价依据，而整合后的外语教学强调的是终结性评估与形成性评估相结合的方式，既注重教学的成果又讲究教学过程中的评价与调整。

由此可见，计算机网络技术进入外语课程后，改变了传统外语教学的信息传递通道、教学内容与活动的整合形式乃至教学过程，也使教学结构形式及其构成要素发生巨大的变化，促进教学理念的更迭，导致教学的价值判断及评价标准的变化。显然，这些变化自然地会打破传统外语教学环境的平衡，而失衡的教学环境又会导致许多失调现象的发生。

二、失调

经调查（详见前面章节），失调现象大致表现在以下几个方面[①]：观念与实践的失调、国家的教育政策与学校具体情况的失调、技术与应用的失调、新的教学模式与传统教学系统的失调、教学过程与教学管理的失调等等。

1. 观念与实践的失调

教师、学生、管理者的观念在某种程度上已经成为计算机应用于外语教学的障碍。不少教师认为他们长期这样教学（以前教师怎

---

① 这些"失调因素"的调查内容分别由陈冰冰、赵学旻、黄芳、倪惠、寿恩黛、雷丹、范正辉等提供。

么教我,我现在就怎么教学生),效果也不错,觉得不利用计算机网络等现代信息技术,外语教学照样进行,不用花精力去研究如何应用计算机来备课,而且计算机应用于教学,并没有减轻教师的负担和工作量。学生觉得只是面对计算机学习外语,不能直接与教师交流,缺乏接受教师传授知识和情感交流的机会。管理者感到大量使用计算机进行外语教学只会提高教学成本,传统的外语教学也可以培养学生,不必投入很多资金去购置设备。由于各种传统观念普遍存在,计算机只是被当作一种可有可无的辅助工具,而不被看成是外语课程的有机组成部分。再者,教师一般都知道或懂得一些先进的教学理论(如学习的交际理论、建构主义学习理论、以学生为中心等),但在实践中教师的教学大多时候又是非常传统的,似乎很难把先进的理念付诸于实践(详见第五章)。

2. 国家的教育政策与学校具体情况的失调

国家教育部颁布《课程要求》,并规定了教学目标和教学模式,要求高校建立计算机网络环境下的自主学习中心。但是教育部的有些规定或教学原则(尤其是关于教学设备方面的规定)与不少地方性学校的实际情况有所冲突,主要表现为:1)学校领导不能深刻理解大学英语教学改革的目标和宗旨,导致对教育部所提要求的执行力不强;2)学校缺乏资金,办学的资金投入本来就捉襟见肘,根本拿不出钱来购置更多的设备;3)教师的素质和素养跟不上发展的需要,对技术应用于教学自信心不足,与外语教学改革的要求有相当距离;4)有些学校本身的师资力量就相当薄弱,教学资源也十分匮乏,要完全按照教育部改革要求去做,看来相当困难。

3. 技术与应用的失调

技术应用方面的失调主要表现在这样几个方面:1)教学上低值使用技术(underuse of technology)。低值使用技术在高校的外语教学中相当普遍,许多学校为了提高外语教学质量投巨资购买设备,建设数字化语言实验室和多媒体教室。但是,这些语言实验室和多媒体教室却很难物尽其用，多数情况下只是用于听力课教学，价值几十万甚至上百万元的设备只被当作"大录音机"来使用，设备的其他功能基本无用，这是典型的低值使用现代信息技术；2）教学上过度使用技术（overuse of technology）。过度使用技术主要是指在教学上不顾教学内容是否适宜或场合是否恰当，而过于依赖电脑设备，如笔者就观察过这样一堂示范课：教师以 PPT 配以音乐开始了课堂教学，并以此呈现教学要点，紧接着听段录音，然后进行口语操练，此后教师边讲解课文边播放多媒体光盘，因光盘与课文在内容上完全一样，学生听讲时明显兴趣不高，而且无所适从。3）教学上滥用技术（abuse of technology）。技术设备的滥用在教学上尽管不很普遍，但对教学效果的影响很大。尤其在具体语言技能的教学上，哪些技能的课堂教学要用设备，哪些不该用设备，以及如何合理地使用设备等根本就没有合理的计划，似乎只要有设备的应用（参与），就是先进的教学，就能把教学搞好。甚至有些学校把教学上是否使用设备和技术进行量化（规定设备在教学上使用的百分比），作为教学评估的重要依据，导致技术的滥用。

4. 新的教学模式与传统教学系统的失调

"基于计算机和课堂的英语教学模式"是一种全新的教学模式，强调课堂面授和计算机自主学习相结合。然而，学校的教学系统，包括教学理念、方式、手段、评估，都非常传统，面对信息技术与外语课程整合的新模式，教师感到非常困惑，因此在许多学校出现了诸多的教学变体模式，但是这些变体模式（详见第四章）基本上都是新模式和传统教学系统相冲突的产物。尽管有些变体模式有一定的可取之处，但以教师为中心的传统教学形式未变。此外，教师的周课时一般都非常多（平均大概是 16 至 20 课时），平时要应付完成日常的教学工作已经很不容易，如果还要准备课件和组织课外的自主学习确实不现实。再者，学校目前使用的都是立体式教材，而教师采用的都是传统的教学方法。因此，教学上的失调现象使教材的利用率一般都很低(详见第六章),造成相当多的浪费。

5. 教学过程与教学管理的失调

学校的外语教学过程与管理的失调现象非常突出,主要原因是学校的机房管理权不在教师手里。机房管理一般都由学校相关职能部门来实施,而这些所谓的职能部门又缺少善于管理机房的技术人员(这种情况在许多学校都如此)。由于管理方面的原因,学校的机房设计和排列都是典型的教室型,不利于学生进行语言交流或交际活动。只有极少数的学校把机房安排成圆桌型、三角交际型、双排面对型等:

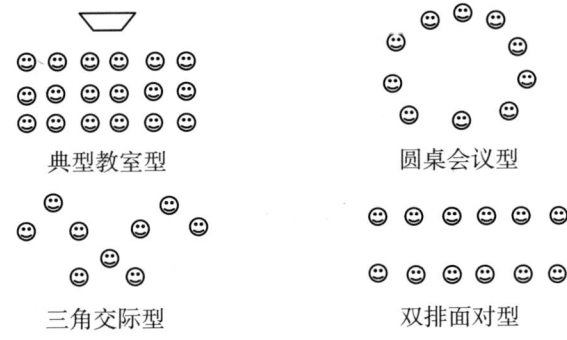

图 7-1　学校机房设计和排列

再者,语言实验教室中的设备经常会发生故障,但是维修人员往往安排不到位,即使有维修人员在现场,有时也相当缺乏维修能力。这种落后的管理方式显然是现代信息技术有效应用的障碍,极大地影响了外语教学的效果和效率。

应该说,失调现象将会直接影响学校外语教学系统的正常运转,导致"排异现象"(tissue rejection)的发生,而排异现象的发生肯定会使教学系统失去原有平衡的环境。那么,何谓排异现象?所谓"排异现象"就是指原有的教学系统与外来的教学模式或其他教学要素(如教学内容、信息技术、多种媒体等)发生的冲突,这种冲突在这里亦称"项目排异"(Holliday,1994)。"排异"一词源于医学,指的是人体内器官移植后细胞相互排斥的一种医学现象。这一术语运用于此是指新的教学模式或其他要素不能在一个新的环境中有效地、积极地起作用。换言之,与外语课程整合后,以计算机网络为核心的信息技术可被看成是新移植的"器官",而将被移植的"人体组织"是学校的外语教学系统。如果信息技术的移植不能在现有的教学系统中"成活"(survive),被接受并发挥作用,"排异现象"就会发生。Holliday(1994:134)指出:"在这个器官移植的比喻中,那些表面的东西还是容易看见,如新器官移植时病器官的摘除,器官愈合处的缝线及最后的手术疤痕等。但是还有在外科手术中那些看不见的东西,这些都将导致新移植的细胞组织是否会被接受或排异。这些看不见的东西就是人体的免疫系统。最重要的是人体免疫系统最终是否接受新移植的器官。免疫系统与外科手术不同,免疫系统处理的是深层次的东西。"引申于我们的外语教学,外来的教学模式和其他要素要在学校原有的教学系统中"成活",得到有效的贯彻执行,就得有与其相适应的教学理念、教学条件、师资力量、生源水平、管理水平、配套教材等。然而,这些方面目前都出现了严重的失调。可见,要防止"排异现象"关键是要寻找造成失调现象的深层次东西,找到处理失调现象的对策。但是,如何寻找深层次的东西?如何找到有效的应对方法?看来,我们仅依靠传统的外语教学理论恐难以做到,失调现象的发生已对传统理论构成了挑战。

第二节　对传统理论的挑战

对某一理论的挑战往往意味着该理论的缺陷或滞后,那么,目前在外语教学上运用的主要是哪些理论？这些理论能否解释目前的失调现象呢？让我们先来做一番分析与探讨。众所周知，目前较为盛行的理论主要有三种：行为主义理论、认知主义理论和建构主义理论。

一、行为主义理论

行为主义理论主要包含 Thorndike 的试误学习理论、Pavlov 的条件反射理论以及 Skinner 的操作学习理论。这些理论在学术上统称为联结学说。

Thorndike 的学习理论和尝试错误的学习途径，是联结学说之一。联结学说最早可以追溯到很远。早在 18 世纪，经验主义哲学家从联想或观念的先后次序解释了记忆、知觉、推理及其他心理活动。19 世纪后期以来则以试验为基础，说明联结可在刺激—反应、反应—刺激之间得到加固。其中对外语学习影响最大的就是 Thorndike 的"尝试错误"理论（theory of trial and error）。Thorndike 通过一系列的动物实验（如利用迷路圈、迷箱和迷笼等工具进行实验）提出了"尝试错误"的学习理论。这一理论认为人是由动物进化而来，人类的心理与动物相比较只是其复杂程度上的差异，因为人类还要从事其他类型的学习，需要形成（联结）各种想法，进行分析和推理等。早期以试验为基础并卓有成效地论证了刺激—反应可以加固联结的学者，就是 Pavlov。于是，就有了 Pavlov 的第二种联结学说——条件反射学习理论。他的主要成就是他的高级神经活动学说，其主要内容为阐释大脑两半球的结构与功能、大脑皮层的兴奋和抑制、第一信号系统和第二信号系统、高级神经活动类型及与内脏的相互关系等。Skinner 的操作性条件反射学习理论，是第三种联结学说。Skinner 是美国现代行为主义心理学派的代表人物，主张用"刺激—反应"公式去解释表现心理现象的行为。他长期致力于研究鸽子和老鼠的操作性条件反射行为,提出了"及时强化"的概念以及强化的时间规律,并将操作性条件反射理论应用于对人的研究。Skinner 认为学会的关键在于操作之后的强化(reinforcement),强化活动是改变行为(学习)的主要动力。由于他的主张是先发出反应性的操作行为,再给予刺激性的强化,故此学习理论被称作操作性条件反射理论(operant conditioning)。其学习过程是先反应再刺激(response—stimulus),并十分重视学习活动的有序化和积极强化。根据条件反射理论,任何教学的本质都是一种矫正学生行为的活动。教学中学生可能发生教育者期待的行为和不期待的行为,两者都可以用奖、罚作为杠杆,予以改变。

Thorndike 通过实验提出了"尝试错误"的理论,并指出重复错误直至成功的过程就是学习的过程;Pavlov 经实验发现了动物具有条件反射的行为,认为有条件或无条件刺激会诱发某种联结,并取得学习效果;Skinner 的理论主要强调的是在"刺激—反应"公式中及时强化的作用,指出了积极强化和消极强化与学习的关系所在。

教学原则和教学模式

无论是 Thorndike 的试误学习理论,还是 Pavlov 的条件反射理论和 Skinner 的操作学习理论,行为主义理论的要点是:1)行为主义学习理论强调的是学习的环境和条件,讲究环境和条件的充分性、适宜性和挑战性。"充分性"是指学习的环境和条件应该完整和充实,符合进行学习的相应要求;"适宜性"强调的是环境和条件与某种行为发生的匹配性,也就是说,有怎样的环境和条件就会有怎样的行为发生;"挑战性"是指环境和条件对某种行为的发生具有一定的"难度",没有"难度"自然也就没有所谓的"挑战",因此要使某种行为的发生必须要克服环境和条件带来(造成)的某些困难。2)行为主义学习理论强调的是刺激与反应,注重行为的发生而不是意识(认知)使用。任何行为都是在某种刺激下发生的,正确的行为反应可得到奖励,反之将受罚或反复机械地进行刺激和反应,直至正确行为的发生。引申于外语教学,就产生了这样三条教学原则:1)小步调教学原则(step-by-step input);2)强化学习原则(intensive learning style);3)及时反馈原则(immediate feedback)。根据这些教学原则,在外语教学中就产生了这样的一个教学模式:

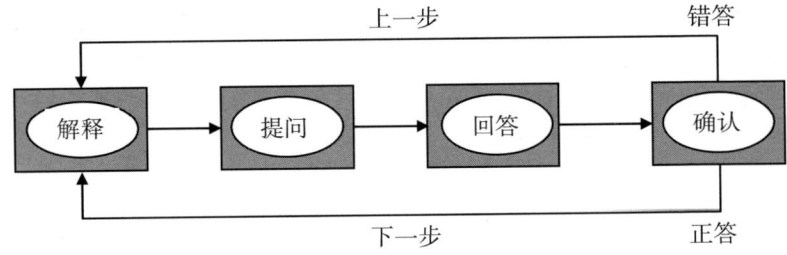

图 7-2　行为主义教学模式

如前所述,这种教学模式强调的是:学习就是条件作用,学习就是行为,思维只是一种能够被分解和编制成详细行为目录的行为。这种学习观在外语教学中自然会表现为循序渐进的小步调输入(教学内容具体化和公式化)、积极快速的反应问答(使提问普遍化,促使学习者对每项教学内容进行思考和反应)、及时反馈与强化以及自定步调有计划展开(使学生能够按照自己的基础和水平选择适当的起点和速度进行学习)。这种学习模式能够使学生进行反复及时的操练,并及时强化和巩固所学知识。但是,由于忽视了学习者的心理过程,行为主义教学理论对人类学习的解释是不完整的。很显然,行为主义理论只是与外语学习的表象特征有关,根本解释不了目前的失调现象。

二、认知主义理论

关于认知主义理论,学界已有不少论著与学说,其中影响较大的有格式塔学习理论、布鲁纳的发现式学习理论以及乔姆斯基的语言学习论。

格式塔学习理论

格式塔学习理论于20世纪初兴起于德国的心理学派。该学习理论认为,行为主义学习理论是完全基于对动物的实验上,而动物在设计较为复杂的箱内无法洞析其所处的全貌情景,因此超出了动物的理解范畴,迫使动物在难明的情景下产生盲目的"尝试错误"的行为。如果将其置于可概览全部的情景之中,使其了解全部的情景和整体结构,动物行为可能表现为一种顿悟,而不必进行盲目的错误尝试,由此提出了"完形－顿悟"学说:

首先,格式塔是德语 Gestalt 的音译,又可译为"完形",意指整体或组织结构。完形也被格式塔心理学家们认为是一种心理结构,它是在机能上相互联系和相互作用的整体结构,是对事物关系的认知。问题的解决,都是由于对情境中事物关系的理解而构成一种"完形"来实现的。换言之,客体世界是一个变化着的完整结构,有机体为了与之保持平衡,在脑中也要发生相应的变化。客观环境发生了变化,意味着原有的整体产生了缺口,这时有机体只有弥补这种缺口,才能保持平衡,因而在他的脑中就得进行弥合缺口的组织活动,以形成相应的新整体。这种弥合缺口的活动就是学习。例如在外语教学中,我们经常要做完形填空练习。练习中的空就是缺口,弥补这个缺口就必须要看全句(整体)的组织结构才能选择恰当的词语。学习一个词,也必须了解它的音、形、义整体。从此意义上说,格式塔学习理论强调的是整体学习,注意学习者与环境(包括学习对象)的相互作用和学习者的能动作用。学习的过程就是一个不断地建构完形的过程。其次,学习是通过顿悟过程而实现的。学习是个体利用自身的智慧与理解力,对情景及其与自身关系的顿悟,而不是动作的累积或盲目尝试。也就是说,"动物在解决问题(或者学习)过程中的一切表现都说明动物是'顿悟式'地解决问题,而非'盲目'地或'试误式'地解决问题"(张奇,1999:132)。尽管顿悟常常出现在若干尝试与错误的学习之后,但这种尝试或错误的学习行为,是在做出外显反应或动作之前,在头脑中进行思考的过程,而不是盲目的、无序的尝试错误。同样,学习也包括知觉经验中旧有结构的逐渐改组和新结构的豁然形成。而顿悟是以整个问题情境为前提的,只有在清楚地认识到整个问题情境中各种成分之间的关系时,顿悟才会出现。也就是说,顿悟是对目标和达到目标的手段与途径之间关系的理解。可见,顿悟的核心是把握事物的整体,而不是事物的细节,学习的实质是在主体内部构成完形。

发现式学习理论

布鲁纳对"完形－顿悟"学说作了进一步的完善和发展,提出了认知发现式学习理论,同时从知觉与归类、编码系统、发现学习等方面全面阐述了认知发现式学习理论的基本框架。

首先,知觉是人们根据所输入或接受到感知事件的某些确定的或关键属性的刺激进行选择归类,并通过该类别已有知识再加以推论后完成对事物的认知。布鲁纳由对人类思维的策略性和目的驱动性的认识,开始了对知觉理论的研究。在他看来,人类对环境信息的处理,一般是进行系统的选择、抽象和概括。同时,人类在感知客观对象时,因个体的主观因素差异,会产生对客观对象物理特性知觉上的差异。如对相同硬币大小的知觉,每个人因贫富差异,会产生价值不同的知觉。这一观点,超越了原先的传统观点。其次,编码系统可界定为"一组相互联系的、非具体性的类别"(施良方,1994),它是人们对环境信息进行加工和重组的动态的认知谱系,也是人们对输入刺激产生认知的基本方式。在认知进程中,人们要对输入的感性材料达到真正的认知,必须是在输入刺激进行归类的基础上,对该类别及其他相关类别进行比较和推理后才能完成认知过程。而这些相关联类别的关系就构成了编码系统。构筑编码系统的有效方法之一,就是以分级的层次结构所构成的相关类别的认知谱系。布鲁纳认为,知识的获取不管其形式如何,都是一种积极的认知过程。在整个过程中,学习者是积极的探究者,教师的职责是为学习者提供一种让学习者能够独立探索的情境,而不是现存的知识。学习者学习某一学科的意义,不仅在于掌握教师所传授的课本内容,而且在于让学习者去思考、去组织学科的知识结构或者参与建立该学科知识体系的过程。正是基于这样的学习观,认知发现理论的主要观点有两个:1)无论什么学科,它的基本知识都可以用某种形式教给任何年龄的学生;2)无论是高深的尖端知识,还是小学三年级所能教授的知识,在本质上无差异。因此,学生与学者在认识上只有程度的差异,而无本质的不同。因此,探索发现法,必然也是学生学习的最好方法。

认知学习理论从顿悟到发现式学习已有了不小的进步,此后又得到乔姆斯基语言学习理论的充实和完善。

乔姆斯基的语言学习论

1957年,乔姆斯基出版了《句法结构》一书,同时诞生了"转化生成语法"。乔姆斯基认为,语言学习是人类的一种内在的机能,是在知觉的基础上工作的,同时他批驳了斯金纳的行为主义心理学,强调语言学习是认知心理学的一部分,并将人类语言的创造性特征定为生成语法揭示的目标之一。应该说,生成语法不是传统语言学的"语法",而是一种理论语言学,因此研究的对象也随之从难以定义的"语言"转到了具体的"语法",即人脑中语言机制运转的规则和原则。他区分了语言能力(linguistic competence)和语言行为(linguistic performance),提出生成语言学要研究的不是句子本身,而是那些促使人们产生句子、理解句子的能力——语言能力,并且应该解释人为什么能够凭借对母语的直觉就能判断某句话是否为语言中有效的句子。这样,研究重心就从可以观察到的行为转移到了人们对母语的认知。语言不是一套习惯,人有先天的学习语言的能力,学习语言是基于实际需要,经过自觉演绎而获得语言能力,即掌握构成某一语言所有话语的基础代码的能力。其特点在深层结构上用该语法的句法成分表现出来,学习者学得了一种语言的语言能力,就能生成出该语言的无穷多的话语来。乔姆斯基认为语言本质上是创造性的,即使幼儿学母语也不是单纯模仿,而是掌握规则系统并创造性活用的过程。有限规则可以生成无限句子,借助规则可以直觉分辨从未接触过的话语是否正确。乔氏认为一旦掌握了高度抽象的语言能力,就能创造出无限的句子,因此教学必须强调人的认知规则的作用。

教学原则和教学模式

比较于行为主义联结学说,认知理论的主要观点是:认知理论强调了人在刺激与反应之间所产生的各种因素,因为人与人之间是不同的,每个人的知觉因其经验、学历、年龄、性别、志向、爱好、健康等不同而相异。由于知觉是高度的选择过程,故不同的人对相同的刺激会产生不同的反应。知觉既然各异,且对以往学习又可能产生顿悟,所以在学习中应该要强调学习者自己的发现。因此,人类的学习应该是比联结更为复杂的过程,是属于个人的问题,牵涉个人的知觉、观察、分析、信息加工等综合能力的发展。据此,认知主义学习理论在教学上就形成了如下原则:1)外语教学应以学生为中心,因为学生是认知的主体。由于人有天赋的语言习得装置以习得深层结构而获得语言能力,再由语言能力生成语言行为,所以学会外语应是由学生的语言装置在起作用,学生自然该是教学的主体或学习的中心。2)强调对语言的理解,强调有意义的学习(meaningful learning)和有意义的操练(meaningful practice)。学习外语不是形成习惯而是先天习得能力的发展过程,它把学生的语言能力当作认知的核心结构(schema),主张学习外语应在理解的基础上,让学生在生活实际和交际情景中进行有意义的操练。3)强调听、说、读、写兼顾,全面发展,因为有情景和有意义的操练一般都要涉及多种语言技能,尤其在真实性社会场景中,语言的多技能运用和应用的恰当性尤为重要。4)强调容忍错误,对错误进行分析和疏导。由于学生的外语学习过程也是学生内在语言装置在起作用的过程,因此学生的错误与其认识的程度和语言装置作用的程度相关,随着认识的加深与学习的深入,所谓错误也就自然地得到纠正。5)强调外语教学的情景化和交际化。由于学生要进行有意义的学习和操练,就得有必要的社会场景,这样交流才能有效进行,达到语言学习的效果。鉴于这些原则,就产生了相应的教学模式:

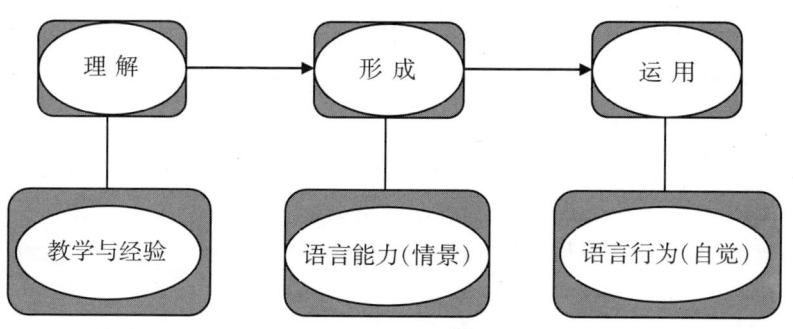

图 7-3　认知主义教学模式

这一模式说明,外语学习有其自身的特点,不同于母语的学习过程。首先是语言环境不同。在课堂上学习外语,学生缺乏的就是自然的语言环境,学习就得靠学习者的经验和认知程度;其次,学生是在掌握了母语的基础上学习外语的,而学习外语是自觉的、有意识的、有组织的学习。根据上述特点,教学过程分认知理解、形成、运用三个阶段。语言理解是在教师引导下让学生发现语言规则;形成语言能力主要通过有意识、有组织的情景练习;语言运用阶段则必须脱离课文进行专门的交际性练习,如一些有情境的交际性练习等,使语言行为成为真正的自觉行为,逐渐地使学习者在自主的学习中形成主动建构的能力。因此,认知主义理论解决了一个人类学习较为本质的问题——思维、信念与情感,但是对目前失调现象显然缺乏相应的解释能力。

三、建构主义理论

建构主义学习理论(constructivism)是从行为主义到认知主义以后的进一步发展起来的理论。这一理论的发展有其特殊过程和背景。

建构主义观点起源于皮亚杰(Piaget)的有关理论。通过对儿童心理进行系统、全面的研究,皮亚杰认为儿童与环境的相互作用涉及两个基本过程,即"同化"与"顺应"。"同化"是指把外部环境中的有关信息吸收进来并结合到儿童已有的认知结构中,即个体把外界刺激所提供的信息整合到自己原有认知结构内的过程。"顺应"是指外部环境发生变化,而原有的认知结构无法同化新环境提供的信息时所引起的儿童认知结构发生重组与改造的过程。儿童的认知结构就是通过同化和顺应过程逐步建构起来的,并在"平衡—不平衡—新的平衡"的循环中不断得以丰富和发展。根据这一观点,认知是一种以主体已有的知识和经验为基础而建构起来的。在皮亚杰之后,一些学者又对认知结构的性质、认知结构的发展条件以及个体的主动性在建构认知结构中的关键作用等问题进行深入的研究和探讨,产生了许多不同的观点,同时也产生了不同流派的建构主义认识论和学习理论,如:激进建构主义(radical constructivism)、社会建构主义(social constructivism)、社会建构论(social constructionism)、社会文化认知(sociocultural cognition)、信息加工建构主义(information processing constructivism)和控制系统论(cybernetic system)。关于这六种建构主义流派的理论内涵,可以概括如下表所示(钟志贤,2006:18):

表 7-1 建构主义的主要流派及其内涵

主要流派	理论内涵
激进建构主义	知识是由认知主体积极建构的,建构是通过新旧经验的互动实现的;认知的功能是适应,它应有助于主体对经验世界的组织。
社会建构主义	将群体放在个体之前,将人与人之间的关系置于首位;个人建构的、独有的主观意义和理论只有与社会和物理世界"相适应"时,才有可能得到发展;强调意义的社会建构、学习的社会情景,强调社会互动、协作与活动等。
社会建构论	将社会置于个体之上;真实性/经验是依靠对话的方法建构起来的,对话是形成新意义的心理工具,应成为关注的中心知识根本不存在于个体内部,而是属于社会的,是以文本形式呈现的,每一个人都以自己的方式解释文本的意义。
社会文化认知	人的心理功能处于文化、历史和制度情景之中;关注学习的社会方面,更注重对一定的社会文化背景中知识与学习的研究,并将不同的社会实践视为知识的来源;提倡在真实的情景中通过对专家活动的观察、模仿进行主动的/认知学徒式的学习。
信息加工建构主义	坚持信息加工论的基本范型,但反对信息加工论中的可观主义传统;认为知识是由主体积极建构的,外来信息与已知知识之间存在双向的/反复的相互作用,但不同意知识是对经验世界的适应;这一流派也称为弱建构主义或折中建构主义。
控制系统论	强调认知主体不是旁观者,而是置身于行为之中的积极主动的观察者和反省型的参与者;特别重视不同观察者之间存在复杂的互动关系,重视对包括提问方式、看与听的方式在内的各种循环过程的再认识;重视交互的、协作的学习方式。

综上所述,建构主义理论是一种非常庞杂而又相对完善的认识论和学习理论,在知识观、学习观、教育观、学习环境、意义建构

等方面的观点十分丰富。

教学原则和教学模式

建构主义学习理论有三条基本原则:1)学习是学习者主动地建构知识的过程。在学习过程中,原有的知识由于新经验的介入而发生调整和改变,因此,学习并不是简单的信息积累、信息加工,它包含由于新旧经验的冲突而引发的观念转变和结构重组。学习过程是新旧经验反复的、双向的相互作用过程。由此可以推断出,学习不是一个被动吸收、反复练习和强化记忆的过程,而是一个以学生已有的知识和经验为基础,通过个体与环境相互作用主动建构意义的过程。2)学习者以自己的方式建构对事物的理解,因为事物的意义并非完全独立于我们而存在,而是源于我们的建构。每个学习者由于其发展水平和经验背景不同,都以自己的方式看待事物,即以自己的方式建构对事物的理解,学习者之间的交流与合作可以使理解更加丰富和全面。3)学习应该是一个交流合作的互动过程。学习者对问题理解的差异性,在学习者的共同体中恰好构成了一种宝贵的学习资源。这些学习资源可以通过交流、讨论与合作,被共同体中的每一个成员所享用,从而促使所有学习者的意义建构能力的提高。根据上述三条原则,就产生了相应的教学模式:

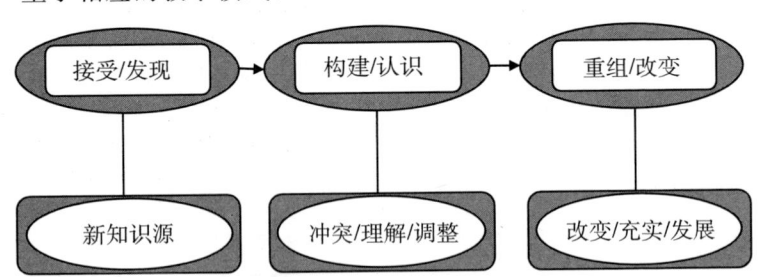

图 7-4 建构主义教学模式

建构主义的教学模式可以概括为:以学生为中心,在整个教学过程中教师发挥组织者、指导者、帮助者和促进者的作用;利用情景、合作、会话等学习环境要素充分发挥学生的主动性和积极性,最终达到使学生有效地实现对当前所学知识的意义建构的目的。可见,建构主义理论为学习者主动学习、主动建构知识提供了理论依据,但不能对目前失调现象作出合理的解释。

综上所述,无论是行为主义,还是认知主义与建构主义,都与外语的教与学有关,从本质上说,这些理论都是在研究人类在学习上的认知表现和认知发展。行为主义研究的是人类较为表层的认知表现——行为方式;认知主义研究的是人类较为深层的认知表现——思维功能,而建构主义则是对认知主义理论的进一步发展,强调的是人类的主观经验以及主动认知与积极构建的内在能力。虽然这些理论在教与学的层面上为外语教学的整体研究提供了坚实的理论基础,能够很好地说明人类学习行为的本质所在,但是面对计算机网络与外语课程整合后教学上所出现的变化与失调现象,其阐释能力就显得相当匮乏。其主要原因是,外语教学上的失调现象所涉及的不仅仅是教与学两个方面,还牵涉到管理、技术、资源、评估等多方面的因素。也就是说,外语教学系统所涉及的因素几乎都发生了变化。因此,要探索解决失调现象的方法和手段,必须跳出传统理论的框框,要以新的视角来审视和研究我们的外语教学。换言之,就是要以生态学视角重新审视我们的外语教学。

第三节　生态学视角审视外语教学

用生态学视角审视外语教学,就是依据生态学的原理,考察教学系统内部诸要素与周围环境的相互关系、相互作用和相互适应,研究各种教学现象(如失调现象)及其成因,探讨外语教学生态的特征和功能及其演化和发展的基本规律。

生态学视角基于生态学理论,生态学理论是研究生物和环境之间的各种因素相互联系和相互作用的理论,亦称生态学。生态学的创新发展主要始于20世纪初叶。1935年英国生态学家坦斯利首次在学界提出了"生态系统"的概念,使生态学研究走向了系统化和整体化。此后,生态学家们广泛吸收了系统论、控制论以及信息论的概念和方法,重点研究了生态系统的结构、功能、物质能量、信息交换、自我调节机制、抗干扰能力以及生态系统的发育和演化过程等(佘正荣,1996)。正是由于生态系统理论的研究和发展,相继又产生了一些相关的生态学上的概念,如生态平衡、耗散结构、生态位以及生态系统整体性等,进一步揭示了生态系统的发展规律和运行机制。微观上,生态学与分子生物学、分子遗传学、生理学、微形态解剖学结合,借助高科技精密仪器观察细胞内部的结构变化;宏观上,生态学的主要研究范畴由个体、种群、群落、生态系统,向生物圈扩展。正如钱俊生等(2004:4)指出的那样:"每一生命形式的进化都对其他生命形式的进化以及生物圈系统功能的完善做出了自己的贡献。没有任何一个物种可以单独生存和发展,它们只能在大的合作背景下相互竞争和相互利用,在共同维护生命支持系统存在、促进生物圈稳定的前提下来实现自己的生存和发展。"

生态学有三个重要的概念:生态系统、生态平衡以及生态位。生态系统是指在一定空间内生物与环境构成的自然、开放的生态学基本单位,在这个单位中各种生命现象之间在生存过程中相互竞争、相互作用、相互依存,形成健康有序的状态。其基本特征是结构的多样性、系统的复杂性、能量的流动性、物质的循环性、系统的动态性和自我调节性(尚玉昌,2003)。生态平衡,是指一个生态系统在特定条件下通过内部和外部的物质、能量、信息的传递和交换,使系统内部生物之间、生物与环境之间达到相互适应、协调统一的状态，这种状态具有一定的自我控制、自我调节和自我发展的能力。换言之，生态平衡是指处于稳定状态的生态系统的形成和维持，它是一种相对的动态平衡，是在生态系统的演替发展中，依靠其内部各组成部分之间及系统与外部环境之间的相互联系和相互作用，通过不断调节系统内部的结构和功能而得以实现的。生态位，是指每个生物单位生存的时空位置，一个生物在群落和生态系统中的时空位置和状况决定了它的形态适应和特有行为，包括其重叠与竞争、压缩与释放、分离与移动等。一种生物能够在生存竞争的生态系统中拥有一个最能适合其生存的时空位置时，这就说明它有合适的动态生态位，就能与环境达成和谐。

随着科学技术的发展，生态学与其他学科日益交叉渗透，促使生态学理论研究与应用研究联结起来，产生了许多新兴学科和理论分支，如与自然科学交叉渗透产生了物理生态学、化学生态学、城市生态学、环境生态学等，与社会人文学科交叉渗透产生了生态经济学、行政生态学、企业生态学、教育生态学等等。可见，生态学已渗透到人类社会生活的各个方面，使人类社会实践符合自然生态规律，和谐相处、协调发展。引申至外语教学，现代信息技术进入了课程，自然也应使其发挥应有的作用，与外语课程的其他因素相互作用，协调发展，这样才能创造自然和谐的外语教学环境。确切地说，就是要综合研究外语教学的生态系统，分析系统中各要素的生态位现状及其发展与变化，探讨如何维持教学生态环境的动态平衡。

第四节　外语教学中的生态系统与生态位

本节主要研究分析外语教学的生态系统和系统要素的生态位问题，以期揭示系统各要素间存在的相互关系与作用。

一、教学生态系统

在谈论外语教学的生态系统时,我们首先要确认外语教学是一个系统的说法。所谓外语教学是一个系统,实际是指外语教学由许多相互联系和相互作用的部分(要素)按照一定层次和结构所组成并具有特定功能的有机整体,所以系统就是整体。就系统本身而言,"系"指的是相互联系,"统"则指将各部分统一为有机整体,所以在日常生活中我们可称这种或那种认识对象为系统,意指各个部分、结构、层次、环境组成的统一整体,如外语教学的系统整体可能就是这样的(如图7-5所示):

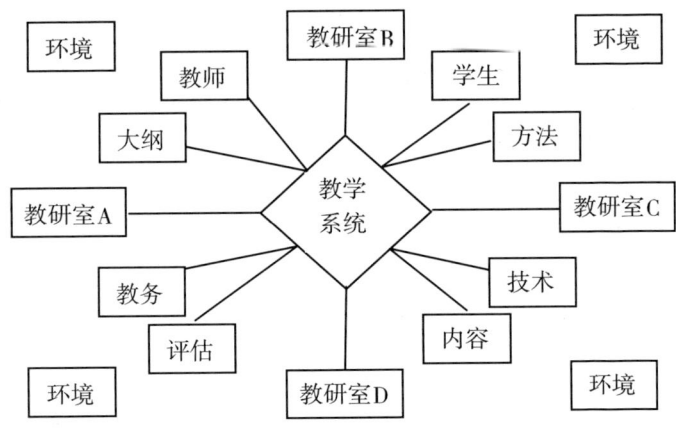

图7-5 外语教学系统

需要说明的是,外语教学系统本身是一个完整的大系统,含有外语课程的方方面面,所以系统大于课程,而课程又含有系统中的其他要素或结构,它们相互重叠,螺旋发展。当然,在外语教学系统整体中,各部分(要素)都具有其特定的功能,但是系统整体的功能要大于其要素功能之和。我们说外语教学是一个系统,主要基于这些观点:1)信息技术进入到外语教育领域后,外语教学出现了一系列变化。首先是课程构成范式的变化:传统的课程构成范式是"2+1"模式(理论、方法＋教材),信息技术进入外语教育领域后,课程构成范式自然地进入到"3+1"模式(理论、方法、技术＋教材)。课程范式的变化必然会影响其他要素在教学中的生态位置和现状,产生一定的动态反映和调整,因此课程构成范式上的变化更加需要我们把外语教学看成一个系统。2)传统的外语教学较为强调的是学习者阅读能力的培养,注重以教师为中心的知识传授型教学。现代信息技术进入了教学领域,提倡的是以学习者为中心的教学,强调的是学习者语言综合能力的培养。因此,有必要将"外语教学是一个系统"作为一种基本的教学观点,以便使计算机网络成为课程真正的有机组成部分,去推论其实际应用的规律与效果。3)确立外语教学是一个系统的观点,就可在着眼于外语教学整体的前提下,应用生态学视角探寻外语教学的规律并改进其实践。比如,当下的外语教学,因教学改革的展开,注重计算机网络与外语课程的整合,要让学生在网络环境下学会外语,其关系虽然复杂,但可用生态学的观点来分析和梳理各要素(学生、环境、外语、方法和信息技术等)在外语教学系统中相互作用和相互适应的关系,使之趋于动态平衡。

可见,我们说外语教学是个系统,除了用系统论的方法,还应以生态学视角来看待和处理外语教学中的各种问题。因此,外语教学系统实际上还是一种生态系统。它是一种在一定空间内各要素与环境构成的自然、开放的生态整体,在这个整体中各种教学要素之间在生存过程中相互竞争、相互作用、相互依存,形成健康有序的状态。生态学观点(Mühlhäusler,2003;余胜泉,2005;吴林富 2006)认为没有一种生命有机体可以孤立地存在,任何有机体都必须依赖周围的环境,都必须与周围环境进行物质能量和信息的交换才能生存下来。同样,外语教学系统作为一种微观的生态系统,特指在外语教学环境(空间)内生存的各种要素(教师、学生、管理人员、教学模式、信息技术、方法手段等）与环境相互作用的具有能量转换和信息传递功能的统一体。尤其是，现代信息技术进入了课程，自然也应使其发挥作用，与外语课程的其他因素相互作用，协调发展，这样才能使外语教学生态系统自然和谐地发展下去。然而，目前的外语教学出现了许多失调现象，这说明教学的各要素没能在系统中找到其合适的生态位，所以相互作用，协调发展就难以实现。要使外语教学生态系统自然和谐地发展，各要素就必须有其特定、合理的生态位，即系统中的时空位置。

二、教学生态位与生态平衡

所谓生态位，是指每个生物单位在生态系统中生存的时空位置。各要素所处的时空位置和状况决定了它的形态适应和特有行为，包括其重叠与竞争、压缩与释放、分离与移动等。从生态学视角来看，教学要素能够在生存竞争的生态系统中拥有一个最能适合其生存的时空位置时，那就说明它有合适的动态生态位，就能与环境达成和谐。根据外语教学生态系统的特点，我们可以对系统组成要素的生态位进行微观上和宏观上的对比分析。

微观上，系统要素的生态位可分析如下：1）种（个体）：外语教学中的个体主要是指学生、教师、教学管理人员和技术支持人员。在这个系统中，学生和教师是关键"物种"，处于主要的生态位。教师、教学管理人员、技术支持人员是外语教学学习资源的主要生产者，学生既是学习资源的生产者，也是消费者。2）种群：在外语教学系统中，具有不同身份和经验的学生、教师、教学管理人员和技术支持人员等组成相应的群体。这些群体因所处生态位不同在系统中发挥的功能作用也就不同，并在不断的磨合中维持着系统的动态平衡。3）生态链：在外语教学生态系统中，生物链分两个层次：一是信息、知识、技能、学习、技术、方法、设计、评估、管理等组成的链条；二是教师、学生、课程、教材、设备、网络等组成的链条。第一层次较为抽象，形成了系统中较深层次的生物链；第二层次较为具体，形成了系统中表面层次的生物链。这两个层次的生物链把系统整体串联了起来。

宏观上，系统要素的生态位可分析为：1）外语教育政策：在系统中，政策的生态位具有整体指导意义。关于我国外语教育政策的相关文件有这些：中小学的有2001年颁布的《英语课程标准》，高校非英语专业的有2004年颁布的《大学英语课程教学要求（试行）》和2007年颁布的《大学英语课程教学要求》两个与大学英语教学改革相关的文件，高校英语专业的有《高等学校英语专业教学大纲》。教育部通过这些文件加强对外语教育的整体领导和管理，为外语教育提供政策上的支持和保障。2）教学模式：模式的生态位具有教学指导意义。它是在一定理论指导下教学进程或教学过程的简化方式，包括教学目标、教学内容、教学策略、教学方法、教学评价、教学媒体等。尤其是当信息技术进入到课程后，外语教学模式的构建应该始终围绕在计算机网络与课程整合的情况下教师如何教、学生如何学的问题来展开。教学模式可以是以教师为中心或以学生为中心的外语教学，更要探索"教师主导－学生主体"的教学模式。3）外语教学管理：管理的生态位具有总体协调意义。教学管理主要包括教务管理、考务管理、学习资源管理，学生、教师档案等要素的管理。教学管理是保证教学质量和人才培养素质的主要因素。4）信息与学习资源：信息与学习资源生态位具有引导意义。从某种程度上说，信息与学习资源是外语教学生态系统中的主导影响因子。在计算机网络与外语课程整合下，外语教学将具有无限量的信息和学习资源，这些资源的优化组织和利用对外语教学的有效开展具有重要的引导意义。5）教学设施：设施的生态位具有教学支撑意义。教学设施主要是指外语教学中所需要的信息化设备，包括计算机、网络设备及其他采集编辑音视频的设备等，对教学的实施和展开起着支撑作用。6)信息化学习:信息化学习的生态位具有创新意义。信息化学习是一种不同于传统文化的新型学习理念,具有宽容性、主动性、创新性、开放性、交互性等特征。学习者在现代信息技术的支持下,积极主动地与其他学习者进行交互,构建相应的学习环境,高质量地完成学习任务。

根据上述分析,外语教学生态系统中,各要素的生态位有微观和宏观之分,但无论处于何种生态位,教学要素与相关的系统层面都会有着频繁、复杂的有机联系。这种联系又动态地呈现为排斥与兼容、一致与矛盾、平衡与不平衡。就目前的外语教学而言,其生态系统,因信息技术与课程的有机整合,免不了会出现各生态位之间的排斥、矛盾与不平衡的现象,这具体体现为教学上失调现象(如第一节所述)的发生。这些失调现象的出现说明我们的外语教学生态系统出现了问题,确切地说各要素不能相互协调发展。从生态平衡的角度来看,生态系统已不能"通过内部和外部的物质、能量、信息的传递和交换,使系统内部生物之间、生物与环境之间达到相互适应、协调统一的状态,这种状态具有一定的自我控制、自我调节和自我发展的能力"(尚玉昌,2003)。换言之,系统的稳定状态很难通过不断调节系统内部的结构和功能而得以实现。因此,要克服这些失调现象,就必须改善我们的教学环境,通过环境的改善来协调系统内各要素的生态位以形成新的系统稳定状态,使外语教学系统重新走向灵活、兼容与和谐。

第五节 走向外语教学的动态平衡

要走向教学的灵活、兼容与和谐,最重要的是要建立合理、平衡的外语教学的生态环境。环境和谐、平衡了,系统才能自然、高效地运转。本节首先将界定何谓外语教学环境,然后在此基础上探讨和分析外语教学的生态环境系统,并就兼容与和谐提出建议。

一、教学生态环境

环境,对外语教学而言,十分重要。关于外语教学究竟需要何种环境,人们有着许多不同的概念和理解:有的认为外语教学首先需要的是语言环境,有了好的语言氛围,教师与学生就有了理想的教与学的环境;有的认为外语教学应有好的设施环境,设备完善了,教学系统就能正常高效地运转;也有人认为外语教学应有轻松的心理环境,学习者有了轻松的心理状态就能轻松地学会外语。人们对环境理解的不一致给我们对教学环境的界定和研究带来一定的限制。因而,明确环境概念,对外语教学环境的生态化探讨具有重要意义。概括各种关于环境的概念和理解,我们认为大致可有四种不同的界说(张正东,1999:59):

1)自然环境与社会环境。自然环境即生态环境,指人类周围的自然界,是人类生存和发展的客观基础,也是人类认识的自然界,包含维持地球生态平衡的各种生物、矿物、土地、大气、水、温度等等。与之相应的是社会环境,指以共同的物质生产活动为基础而相互联系的主体,是人们交互作用的产物,宏观上指生产力和生产关系,经济基础和上层建筑。围绕环境问题的研究,已产生了环境伦理学、环境心理学等一系列学科,并仍在发展。

2) 系统论界定的环境。我们说外语教学是一个系统,而环境是物质系统必不可少的要素,它是与系统发生相互联系和作用的全部外部条件的总和,其中包括本系统更高层次的大系统系列,也包括系统周围的其他事物,如外语教学系统就是一个大系统,而大系统中又包含有若干子系统。由于事物互相联系的普遍性,许多事物都可以说是某一系统的环境。系统存在于一定的环境之中,通过与环境的物质能量和信息的交换,以维持自己的生存。各种整体系统在发展中一方面消耗自身,一方面从外部环境中获得能源供给,以维持自己的活动。当供给大于消耗,整体就发展,供给小于消耗则衰败。因此,系统内各因素会相互制约,相互作用,相互依存,相互转换。

3)心理学界定的环境。根据心理学理论,从个体发展的观点看,环境指个体生命开始之后,其生存空间中所有能对其发生影响的一切因素。这些因素可分为内环境与外环境:① 内环境(internal environment),指个体体内的环境,包括细胞内环境与细胞外环境。细胞内环境含细胞核、染色体、基因与细胞质,其中基因的组合是构成行为特征的基本要素,其组合方式受其所在环境的影响;细胞间环境指细胞周围的物质所形成的环境,不但能影响细胞的分化与特殊功能的形成,而且由于细胞组织功能的运作,能维持体内状况的一致性与稳定性。就个体的"整体"而言,内环境指个体内在的一切生理与心理的变化与功能。② 外环境(external environment),指个体体外一切能影响其身心发展的因素,可分为产前环境与产后环境,前者为胎儿在母体中 9 个月所处的环境,后者为个人由生到死所处的自然环境和社会环境,也即所谓"后天环境"。就外语教学而言,每一个体除了先天个体智能的发育外,将在后天环境中培养和发展个体的学习策略、教学策略、情感因素、教与学的动机等。

4)教育环境。这里所指的环境是能对个体产生教育作用的环境,即个体存在的周围因素,包含自然的、社会的、文化的、学校的、家庭的一切因素。以学校为例,学校中的校园、建筑、设备、设施、教师素质、学生成分等因素的总和,就是对每个学生产生教育作用的教育环境。同时,教育环境总是随着国家政治、经济的发展而发生变化和发展。

外语教学生态系统所认定的环境,兼有这四种特征又非四种之一,应该说,是一种综合、动态、平衡的环境。它应该具有兼容系统内部各要素特征与调节各要素间关系的功能,这取自生态环境的特点；具有制约教学活动，使各要素相互作用、相互依存、相互转换的功能，这取自系统论的环境特征；具有影响个体发展的功能，这取自环境心理学的环境观；具有文化促进的功能，这取自教育环境的文化特征。根据以上解释，我们认为理想的外语教学生态环境应该注重这样两条基本原则：一是能稳定教学结构，兼容教学要素；二是能制约教学运转，促进个体发展。现就这两条原则，结合教学要素，分别阐述如下：

1）稳定教学结构，兼容教学要素。从生态学角度来看，稳定与平衡相关，兼容与和谐相联，"稳定"是目标而"兼容"则是实现目标的手段与方法。例如，外语教学通常有这些要素，如计划、要求、目标、材料、内容、方法、媒体、活动等，它们构成了课堂教学层面的生物链。在具体教学实施阶段这些要素缺一不可，否则教学生物链一断，教学结构就会失去平衡，失衡的教学结构谈不上稳定。然而，要达到稳定，必须使教学要素相互兼容。例如，传统教学一般没有信息技术这一要素，但是信息技术与课程整合后，计算机网络就成了课程的有机组成部分（要素）。作为课堂教学生物链中的一环，信息技术必须得与其他要素（如方法、教材、活动等）合作、融合，配合工作，这样才能在教学上发挥其角色功能。教学要素在实践中兼容了，教学生物链才能和谐地工作，从而达到教学结构的平衡与稳定。

2）制约教学运转，促进个体发展。在这第二条原则中，"制约"是手段，"促进"是目标。从生态学角度来看，各要素都有其特定功能和生存的时空位置，它们在各自的生态位上发挥着角色作用。但是，每一要素的功能发挥也要讲究"遵守规则"，不能无限制的发挥。例如，计算机网络与外语课程整合后，现代信息技术就会应用于课堂教学，以提高外语学习效果，但是在教学上往往会出现各种信息技术的误用（misuse）现象（如前所述：低值使用信息技术、过度使用信息技术、滥用信息技术等）以及把教学上使用设备、技术进行量化,作为教学评估的重要依据。这样的误用很难促进学生(个体)的学习效果。因此,要有效地促进个体发展,就必须制约个别要素的角色功能的发挥,使其在"规则"允许的轨道内充分发挥作用,与其他要素相互作用、相互依存、相互转换。"制约"是为了更好地"促进",而"促进"又是合理、有效"制约"的必然结果,使得外语教学在和谐的环境中自然地发展。

明确了系统环境的界定后,我们再回到课程。如前所述,外语教学是一个系统,而课程是这一系统中很重要的一环。因课程(本身包含诸多教学要素,详见第一章)直接付诸教学实践,所以它有着特定的环境系统。

二、课程环境系统

与教学系统相比,课程环境系统所涉及的关系要广得多,有着更加广泛的关系结构和层次,见图7-6:

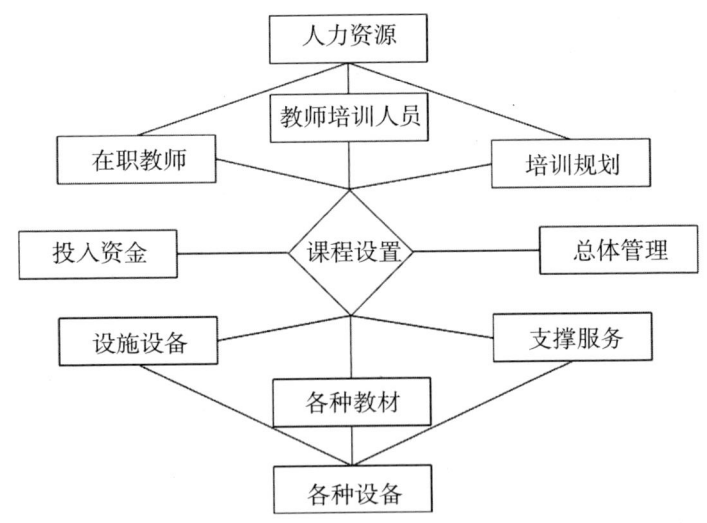

图 7-6 外语课程的关系系统

图 7-6 显示：课程所涉及的关系是多方面的，不仅有人力资源与设备要求，而且还有资金投入和总体管理。然而，这些都属宏观层面上的关系。实际上，课程还有大系统环境和子系统环境之分。正如黎军和闫迎春（2008：27）所指出的那样："任何一个被研究的系统都可以和周围环境组成一个更大的系统，成为较高一级系统的组成部分，而且它本身又可以由许多子系统或亚系统构成。它们相互依存、互为因果。各子系统或亚系统之间以及子系统与母系统之间也同样有着密切的联系。"同样，根据课程的宏观系统，课程本身有着这样的系统结构。见图如下：

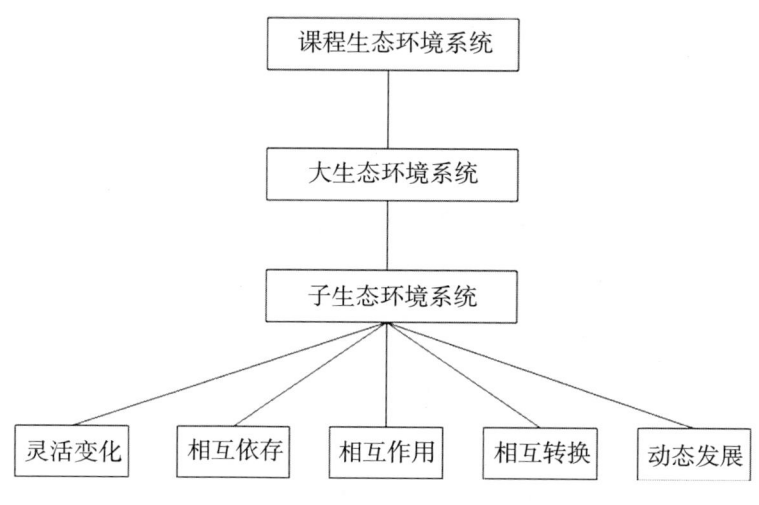

图 7-7 外语课程的生态环境系统

如图 7-7 所示，课程生态环境系统由大生态环境系统和子生态环境系统组成，实际上大环境系统是各子环境系统的总和。从生态发展来看，子环境系统的功能尤为重要，它不仅是一种灵活多变、动态发展的外语教学的生态环境系统，而且子系统内部各教学要素必须是相互作用、相互依靠、相互转换，讲究的是兼容、动态、良性。这样才能构成和谐的外语教学生态环境，见图 7-8 外

语课程设置的生态系统:

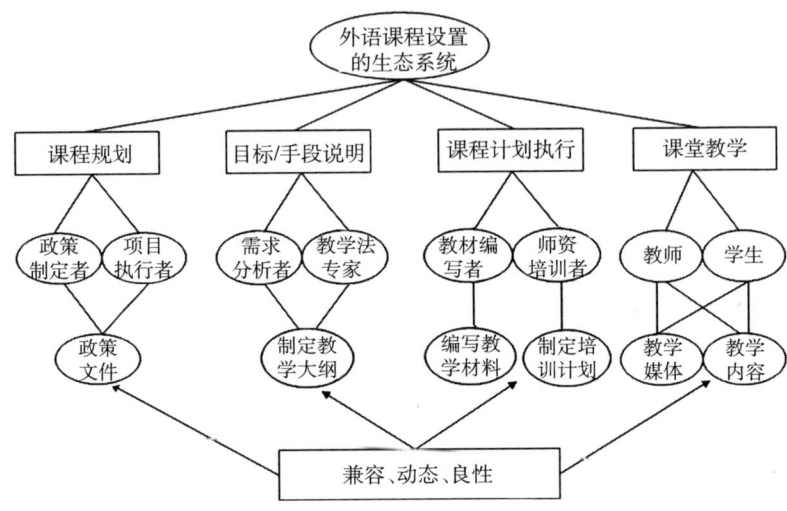

图 7-8　外语课程设置的生态系统

应该说,兼容、动态、良性是和谐教学生态环境的本质。兼容,指的是在课程设置的生态系统中,各要素之间必须要相互适应和相互依靠,具有一种合作、匹配的关系;动态,强调的是系统中各要素只是处于一种相对稳定的状态,而变化与发展是绝对的,它们都会随着环境的变化而变化,随着关系的发展而发展,在变化和发展中寻找自己最合适、最能发挥作用的位置(生态位);良性,注重的是系统要按教学规律自然、循序地发展,子系统的变化和发展要有利于大系统的整体变化和发展,达到相互作用、相互转换、相互促进的良性循环。我们将以教学模式(课堂教学子系统)的实施为例,具体说明如何走向教学的灵活、兼容与和谐。

三、灵活、兼容与和谐

如第二章所述,外语教学有教师中心和学生中心之分,而且关于外语教学中的教师中心模式与学生中心模式的运用,语言教育家们(Stern,1983;Ellis,1994;Beane,1997;Burden & Dyrd, 1999)提出过不少观点,经总结大致有这样五类:第一类,教师是主体,学生是客体。因为学生是受教育者,教师是教育者,师生在教学中存在传授与被传授、改造与被改造的关系。这是一种教师中心模式;第二类,学生是主体,教师是客体。这便是反对书本中心与教师中心的理论。学习者学习的目的是改造自己的经验,在做中学。这就是纯粹的学生中心模式;第三类,教师主导,学生主体。这是反对把学生容器化的理论,实质上,这是以教师中心模式为主,学生中心模式为辅的教学结构;第四类,教师和学生都可以作为主体,究竟谁是主体,要看在教学活动中师生的具体作用而定,这种模式既可以以教师为中心,也可以以学生为中心;第五类,教师与学生互为主体,即双重主体。双主体论认为,从认识的主客体看,师生都具有作为主客体的条件,但教师和学生在教学过程中的传授和被传授、改造与被改造的关系不是单向的,而是双向多极的。笔者认为这就是一种教师中心与学生中心的综合模式。如从教学活动考察教师与学生在此综合模式中的关系,两者既是相对独立的主体,又互为认识对象的客体,并且呈现方式常常相互交融。所以教师作为主体或客体与学生作为主体或客体存在着相互制约、转换的生态辩证关系,而两者在作为主体时又各有特点。教师主体的特性主要是社会性、能动性、指导性和改造性;学生主体的特性主要是独特性、自主性、发展性和创造性。独特性与自主性要求因材施教和择材学习(根据自己的特点和爱好),发展性要求学生全面发展,创造性要求个性化教学及学习潜力的挖掘。

  计算机网络与外语课程整合强调的就是师生的互动,以及他们各自个性作用的充分发挥。无论是课堂教学还是计算机自主学习,教师和学生的主体(中心)作用都会随着教学过程的变化而相互交融,相互转换,如课堂教学,就可能是以"教师中心"为主,"学生中心"为辅,而计算机自主学习就是以"学生中心"为主,"教师中心"为辅。因此,将课堂教学与计算机自主学习有机地整合于我们的英语课程,就是要便于教学模式的综合运用。整合后的课程子系统应呈现这样的基本框架:

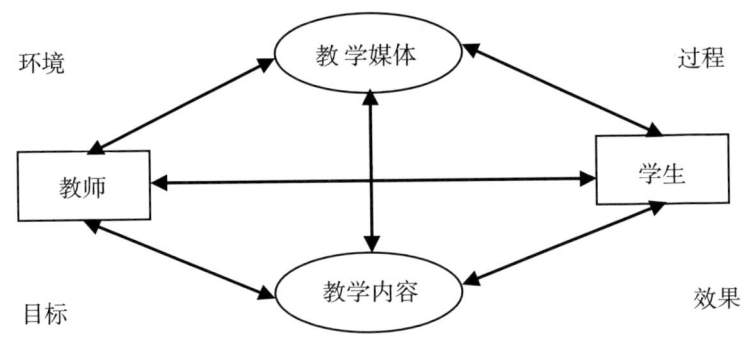

图 7-9　课程子系统框架

需要指出的是,该子系统框架含有一个信息化外语教学环境,而这里所说的信息化教学环境,决不仅指硬件系统,而是硬件、软件和人机环境三种要素有机组合的综合系统。在此系统中,教师、学生、教学内容、教学媒体都在自己特有的生态位上发挥着角色作用,同时又相互兼容、相互作用而产生一定的教学效果。这种通过整合的课程子系统框架,在实际操作中,应遵循教学生态环境的原则(稳定教学结构,兼容教学要素;制约教学运转,促进个体发展)灵活、综合地加以运用。

例如,在具体的教学实践中,随着师生间相互作用的变化及信息内容的增减,模式会产生不同的变化形式。这种变化形式相应地会产生五种基本的教学模式(Means et al., 1993),而每一种模式都会随着信息技术的作用方式以及教师和学生的主体(中心)作用呈现出不同的特征,同时系统中的各要素在动态的变化

中会积极地相互作用、相互依存、相互转换,以磨合成最佳的动态模式。现分别就这些模式介绍和分析:

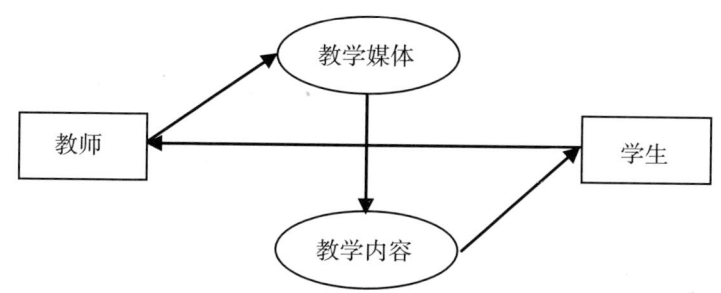

图 7-10　模式 1　传统教师中心模式

模式1是一种传统的计算机辅助教学模式或教师中心模式,师生双向交流。教学内容被预先存入计算机中,教师通过控制计算机向学习者呈现教学信息,并从学习者获得反馈信息。典型的教学情景是教师运用多媒体教学系统辅助课堂教学,教师利用CAI课件演示教学内容,学生给予反馈或根据内容进行各种语言操练等,教师主导和监控整个教学过程。

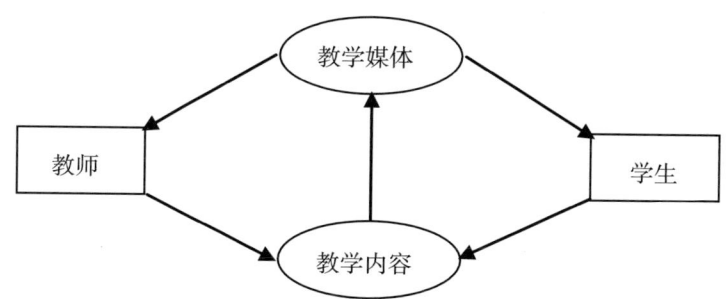

图 7-11　模式 2　教师主体－学生客体模式

模式2代表传统型的教师主体－学生客体模式,教师与学生均通过计算机进行信息交流。教师(主体)通过计算机把教学信息传送给学生(客体),提供学习支持;学习者通过计算机学习教学内容,发送求助、反馈等信息。基于局域网、广域网和交互型远程教学系统的教学属于这类模式。

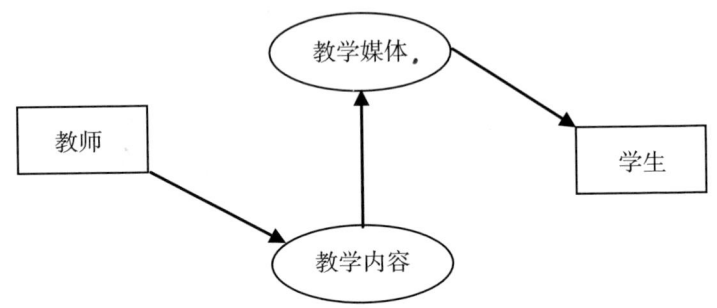

图 7-12　模式 3　教师主导－学生主体模式

模式 3 是一种教师主导－学生主体的教学模式,师生之间不进行面对面的交流,属于单向信息传播。教师通过计算机将教学信息传送给学习者,但不直接获得反馈信息。学习者也不是直接从教师处获得教学信息,主要通过计算机进行学习。这也是一种较为典型的计算机辅助教学模式。

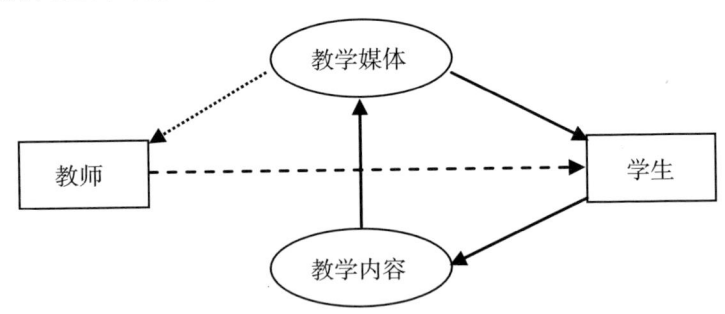

图 7-13　模式 4　学生中心模式

模式 4 是一种工具型的学生中心教学模式,自我反馈较弱。学习者利用计算机作为工具构建自己的信息作品,并从对自己的信息化作品的自我评价中得到某种反馈(弱反馈),如学习者使用电子表格、数据库等认知工具软件进行学习。教师可以通过操作媒体观察学习者的学习过程和作品,然后给予评价性信息作为反馈。

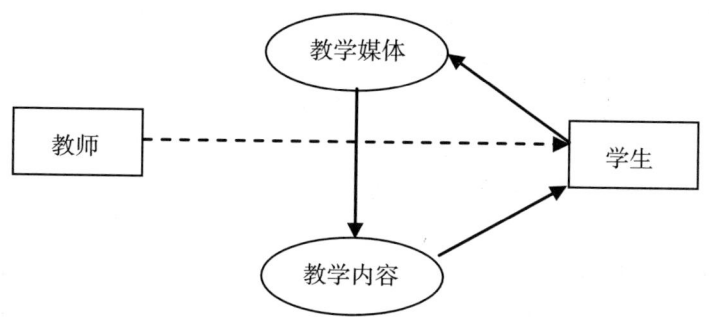

图 7-14　模式 5　学生中心－教师辅助模式

模式 5 学生中心－教师辅助是一种探索性的教学模式,有很强的自我反馈。学习者通过操纵计算机获得的信息(可根据自己学习的需求和兴趣),通过观察、假设、尝试、验证、调整等一系列学习活动进行发现式学习。这种教学模式也可能同时伴随人机传播过程,学习者也可以通过计算机与教师沟通,请求咨询或获得指导。

上述五种模式只是课程系统中,信息技术与外语课程整合后的变体形式,是否能适合外语教学,要视实际情况而定。在具体的课堂教学中,千万不要把这些教学模式割裂使用,实际操作上可使用一种或两种模式,也可以使用模式的组合。除此之外,教师通过实践也可以建立有一定特色的第六、第七种模式。但无论何种模式,教师还应根据具体情况(如条件、资源、学生水平、其他条件等)灵活、综合地运用上述模式,使教学要素和环境达到兼容与和谐。

第六节 小结

以计算机网络为核心的现代信息技术与外语课程整合后,教学要素发生了变化,不少传统要素(如教材、内容、方法等)被新的要素(如多种媒体、网络内容、技术方法等)所替代。要素的变化自然地打破了传统外语教学系统环境的平衡,而失衡的教学环境又导致了许多失调现象的发生。就外语教学的规律而言,如果忽视这些失调现象,"排异现象"就会发生。

要寻找这些失调现象的成因与对策,仅仅依靠传统的教学理论恐难以做到。就此意义上说,教学上的失调现象已对传统理论构成了挑战。可见,要克服"排异现象",合理解释失调的成因,使教学系统保持动态和谐,就应以生态学视角来重新审视我们的外语教学。换言之,就是要依据生态学的原理,考察教学系统内部诸要素与周围环境的相互关系、相互作用和相互适应,研究各种教学现象及其成因,探讨外语教学生态的特征和功能及其演化和发展的基本规律。

我们说外语教学是一个系统,实际是指外语教学由许多相互联系和相互作用的部分(要素)按照一定层次和结构所组成并具有特定功能的有机整体,是一种在一定空间内各要素与环境构成的自然、开放的生态整体。在这个整体中,各种教学要素之间在生存过程中相互竞争、相互作用、相互依存,形成健康有序的状态。因此,要克服教学上的失调现象,就必须改善教学环境,协调系统内各要素的生态位以形成新的系统稳定状态。关于环境,一般有四种不同的界定:自然环境与社会环境、系统论界定的环境、心理学界定的环境、教育环境。根据这些界定,外语教学生态系统所认定的环境应该注重这样两条基本原则:一是能稳定教学结构,兼容教学要素;二是能制约教学运转,促进个体发展。从生态学角度来看，稳定与平衡相关，兼容与和谐相联，"稳定"是目标而"兼容"则是实现目标的手段与方法；同样，"制约"是手段，"促进个体发展"是目标。课程生态环境系统由大生态环境系统和子环境系统组成，实际上大环境系统是各子环境系统的总和。应该说，兼容、动态、良性是和谐教学生态环境的本质。子系统的变化和发展要有利于大系统的整体变化和发展，达到相互作用、相互促进的良性循环。为说明如何按照教学生态环境所认定的两条原则使教学走向灵活、兼容与和谐，我们以教师中心模式与学生中心模式的实施为例，具体示范五种教学动态模式的操作过程，强调无论采用何种模式，教师应根据具体情况（如条件、资源、学生水平、其他条件等）灵活、综合地运用教学模式，使教学要素和环境达到兼容与和谐，真正走向外语课程的生态化。

结束语

本课题经过三年多的艰辛努力终告完成。在这三年的研究过程中，笔者组织了全国部分院校的部分教师和学生针对计算机网络与外语课程整合中出现的问题进行了分析和探讨，并在此基础上撰写了本专著。

本专著主要与外语教学的理论与实践有关，重点是研究并探索以计算机网络为核心的现代信息技术与外语课程整合的手段、方法和模式。众所周知，计算机网络进入外语课程后，外语教学势必会发生许多变化，也会造成教学上的困惑与难题。本课题试图攻克外语教学所面临的这些困惑与难题，并运用外语教学的适用理论对计算机网络与外语课程整合的各个方面进行全面的阐述和论证。为此，课题组做了充分的准备，设计了七个研究重点，展开了全面的实证研究。本专著作为这一课题的重要研究成果，涵盖了本研究的各个方面，其研究要点可总结如下：

本专著首先讨论了计算机网络环境下外语课程的开发和定位问题。讨论从课程的概念和本质着手，分析性地回顾了我国大、中、小学外语课程的发展轨迹以及计算机应用于课程的情况，同时提出了在计算机网络环境下外语课程定位的要点与原则。在此基础上，专著讨论并澄清了计算机与外语教学的关系，指出计算机技术近年来的发展突飞猛进，已经把计算机从辅助的地位推向了教学的前台，提出了计算机网络与外语课程整合后的教学特征和框架。在理清计算机与外语教学的关系后，本专著转而对计算机网络环境下外语教学模式进行了研究和探讨。教学模式一般都有其本质特性和理论内涵，而"基于计算机和课堂的英语教学模式"除一般模式特性外还具有计算机应用与融合的特征。要做到模式的有效应用，就必须综合考虑教学的各种因素，如教学目标、学习过程、学生情况以及教学条件。从另一方面来说，新教学模式是否能成功实施与教师在教学中的作用转变与学校师资队伍建设有着密切的关系。因此，本专著阐述了多媒体网络环境下外语教学中教师的作用，并明确指出了要适应多媒体网络环境下外语教学的要求，教师必须改变其在传统教学中的作用。同时，还要加强计算机网络环境下师资队伍建设。为进行有效的探讨，专著对教师的外语教学信念系统以及对"基于计算机和课堂的英语教学模式"的认知情况进行了抽样调查，认为在计算机网络环境下的外语教学要求教师有较高的品格素质和信息素养。本专著认为计算机网络与课程整合后，教学模式的成功实施与否与教材关系甚大。目前所谓"立体式"教材的开发和利用有可取、积极的一面，但也存在不少的弊端，提出了教材的开发和编写应以课程要求为原则，把信息技术充分全面地融入教材，使其真正体现"立体式"教材的实际理论内涵。计算机与课程整合后，我们的外语教学系统出现了许多变化与失调因素；针对这些变化和失调因素，本专著提出了应该以生态学理论的视角重新审视我们的外语教学，并提出了外语教学生态环境应从四个方面予以界定，而外语教学生态系统所认定的应该是一种综合、动态、平衡的环境，灵活地促进教学系统各要素的相互作用、相互依存和相互转换，以达到计算机网络环境下的外语教学灵活、动态、良性的运作和发展。

综上，可以说本专著对计算机网络与外语课程的整合进行了充分而全面的研究和探索，不仅分析讨论了课程的发展和大学英语教学改革，而且还分析探讨了计算机技术的发展和功能应用，提出了一些建设性的创新观点，具体概述如下：

1. 计算机网络与外语课程整合后，课程的构成范式发生了变化。课程是教学的基本规划和蓝图，体现一定的教育思想和教学理论。计算机进入课程后，外语课程的构成范式也就从传统的"2＋1"模式（理论、方法＋课程或教材）转变为"3＋1"模式（理论、方法、技术＋课程或教材），即教学理论、教学方法、信息技术（教育技术）体现于课程或教材之中。课程构成范式的改变是计算机网络环境下外语课程定位的首要特征之一。

2. 计算机网络与外语课程整合后，计算机开始从辅助的地位走向了教学的前台，也就是说计算机在课程中的地位得到了根本性的改变，已成为课程的一个有机组成部分，成为整个教学系统中的一个要素。

3. 计算机网络与外语课程整合后，教学环境发生了巨大的变化，相应地教师的角色作用也会随之改变。根据对比研究，教师的角色必须在计算机网络教学环境下进行解构和重建。也就是说，教师应在课前、课中、课后都将以不同的角色在教学中发挥着不同的作用。为此，教师的课前角色应该是课程的设计者和开发者；教师的课堂角色应该是讲授者、组织者、培训者、评价者；教师的课后角色应该是协助者和资源提供者。

4. 计算机网络与外语课程整合后，教材的结构发生了变化，都变成了立体式、多媒体化的教材。但从目前的现状来看，教材的立体式都体现在教材构成的物理概念上，尤其是网络教学内容成了纸质教材的翻版，而教材的有效构成应该是网络内容是纸质课本的延伸而不是翻版。有鉴于此，专著提出了大学英语第五代教材的研发构想。

5. 计算机网络与外语课程整合后，教学要素发生了变化，不少传统要素（如教材、内容、方法等）被新的要素（如多种媒体、网络内容、技术方法等）所替代。要素的变化自然地打破了传统外语教学系统环境的平衡。失衡的教学环境又导致了许多失调现象的发生。外语教学原有的生态平衡被打破了,教学系统不能自然、和谐、高效地运转。可见,要使计算机网络与我们的外语课程自然地整合起来,使教学系统保持动态和谐,就应以生态学视角来重新审视我们的外语教学。外语教学生态系统的运转必须注重这样两条原则:一是能稳定教学结构,兼容教学要素;二是能制约教学运转,促进个体发展。从生态学角度来看,兼容、动态、良性是和谐教学生态系统的本质。子系统的变化和发展要有利于大系统的整体变化和发展,达到相互作用、相互促进的良性循环。

  上述观点是本专著通过课题研究所重点阐述的。尽管有些观点的表述可能还不够成熟或完善,但就目前的外语教学而言本专著的主要观点却值得借鉴和应用,尤其关于以生态学视角来审视外语教学的观点,更是值得在当前大学英语教学改革中予以关注,使改革走上顺利发展之路。本课题虽已完成,但也有局限之处,有些问题还有待作进一步的研究和探讨。

参考文献

蔡基刚:(2006)《大学英语教学:回顾、反思和研究》复旦大学出版社
曹卫真:(2000)教育信息化及对教育技术培训内容的思考《中国电化教育》(3):18－20
岑建君:(1997)困难与挑战并存,机遇与希望同在《外语界》第4期
陈冰冰,陈坚林:(2008)大学英语教学改革环境下教师信念研究(之一)——大学英语教师信念与实际课堂教学情况分析《外语电化教学》第2期
陈冰冰,陈坚林:(2008)大学英语教学改革环境下教师信念研究(之二)——"基于计算机与课堂的英语多媒体教学模式"的认知与实际课堂教学情况分析《外语电化教学》第4期
陈桂生:(1993)《教育原理》华东师大出版社
陈桂生:(1999)关于"三级课程"问题《教育参考》第4期
陈坚林:(2000)《现代英语教学——组织与管理》上海外语教育出版社
陈坚林:(2004a)《现代外语教学研究——理论与方法》上海外语教育出版社
陈坚林:(2004b)大学英语网络化教学的理论内涵及其应用分析《外语电化教学》第6期
陈坚林:(2005a)从辅助走向主导:计算机外语教学发展新趋势《外语电化教学》第4期
陈坚林:(2005b)关于"中心"的辨析——兼谈"计算机和课堂英语多媒体教学模式"中的"学生中心论"《外语电化教学》第5期
陈坚林:(2006)大学英语教学新模式下计算机网络与外语课程的有机整合——对计算机"辅助"外语教学概念的生态学考察《外语电化教学》第6期
陈坚林:(2007)大学英语教材的现状与改革:第五代教材的研发构想《外语教学与研究》第5期
陈坚林,谷志忠(2008)要求更完善,方向更明晰——对07版《大学英语课程

教学要求》的新解读《外语电化教学》第 1 期
陈琦:(1997)教师培训——信息技术整合于教育的基石《北京师范大学学报（社科版）》第 4 期
戴炜栋:(1994)试论影响外语习得的若干重要因素《外国语》第 4 期
戴炜栋:(2001)构建具有中国特色的英语教学"一条龙"体系《外语教学与研究》第 5 期
戴炜栋:(2009)中国高校外语教育 30 年《外语界》第 1 期
丁新:(2008)《国际远程教育研究》高等教育出版社
董亚芬:(2003)我国英语教学应始终以读为本《外语界》第 1 期
范谊等:(1998)《面向 21 世纪外语教学:论进路与出路》重庆出版社
方展画:(2000)《高等教育学》浙江大学出版社
付克:(1986)《中国外语教育史》上海外语教育出版社
顾曰国:(2006)"多模态外语学习模式研究"（在 2006 年"全国计算机网络与外语课程整合"研讨会上的发言）
谷志忠:(2007)论计算机多媒体教学的常态化（未发表论文）
谷志忠,陈坚林:(2009)现代 CALL 研究与语言教学的思考《外语界》第 1 期
何克抗:(2002)《教育技术学》北京师范大学出版社
何克抗:(2005)信息技术与课程深层次整合的理论与方法《电化教育研究》第 1 期
黄必康:(2005a)"吃透"《课程要求》,明确教学理念——对大学英语教材建设的思考（一）《教材周刊》第 87 期
黄必康:(2005b)以教学实际为基础,以听说活动为先导——关于大学英语教材建设的思考（二）《教材周刊》第 88 期
黄芳:(2007)计算机网络辅助英语教学模式探讨《外语电化教学》第 5 期
姜亚军:(2002)疯狂的英语《书屋》第 8 期
柯森:(1997)论信息时代教师角色的转变及师范教育的发展趋势《教育研究》第 6 期
夸美纽斯:(2002)《大教学论》教育科学出版社
乐眉云:(1995)语言技能教学法《外语教学与研究》第 2 期
雷丹:(2008)多媒体网络教学环境下教师角色的定位与构建《外语电化教学》第 3 期

李爱华:(2002)以策略训练为基础的大学英语教学模式及相关问题《山东外语教学》第5期

黎军,闫迎春:(2008)以教育生态学视角审视现代远程教育《中国远程教育》第3期

李荫华:(2002)继承、借鉴与创新——关于《大学英语》系列教材(全新版)的编写,《研究规律,改进教学——大学英语教学研究》上海外语教育出版社

刘润清,戴曼纯:(2003)《中国高校外语教学改革现状与发展策略研究》外语教学与研究出版社

陆宏,孙月升:(2007)《信息技术与课程整合的理念与实施》首都师范大学出版社

马丁－克尼普（Martin－Kniep, G. O.）,夏惠贤等译:(2005)《捕捉实践的智慧:教师专业档案袋——教师专业发展策略译丛》中国轻工业出版社

马俊波:(2003)大学英语教师计算机水平及使用计算机辅助英语教学现状的问卷调查《外语电化教学》第1期

马颖峰:(2005)《网络环境下的教与学》科学出版社

莫锦国:(2002)关于大学英语多媒体教学模式《外语电化教学》第5期

莫锦国,许能锐:(2007)与外语教育技术整合的大学英语教学新模式《中国电化教育》第1期

钱俊生,余谋昌:(2004)《生态哲学》中共中央党校出版社

饶克雄:(1983)结合改进教学方法改革教学手段的实验报告《山东电教》第2期

尚玉昌:(2003)《生态学概念》北京大学出版社

余正荣:(1996)《生态智慧论》中国社会科学出版社

施良方,崔允漷:(1999)《教学理论:课堂教学的原理、策略与研究》华东师范大学出版社

束定芳:(2004)《外语教学改革:问题与对策》上海外语教育出版社

王建新:(2002)扩招后提高英语大班精读教学效果的对策研究(全国大学英语教学研讨会宣读论文)

王林海:(2007)大学英语教师课堂角色转变和现行角色分析《外语电化教学》第2期

王守仁:(2008)《高校大学外语教育发展报告》上海外语教育出版社
王守仁:(2009)总结经验,深化改革,开创大学外语教学新局面《外语界》第1期
卫岭:(2002)英语教学软件开发的理论基础和设计原则《山东外语教学》第3期
吴林富:(2006)《教育生态管理》天津教育出版社
吴启迪:(2004)在大学英语教学改革试点工作视频会议上的讲话《中国外语》第1期
余胜泉:(2005)生态观突围教育信息化困境《中国教育网络》第六期
余胜泉,吴娟:(2005)《信息技术与课程整合——网络时代的教学模式与方法》上海教育出版社
徐明成:(2008)《现代教育技术》电子工业出版社
张定铨:(2004)大中小学"一条龙"英语教学管理模式研究 引自梅德明《大中小学"一条龙"英语人才培养模式研究》上海外语教育出版社
张尧学:(2002)加强实用性英语教学,提高大学生英语综合能力《中国高等教育》第8期
张尧学:(2003)大力推进英语教学改革《大学外语教学通讯》第2-3合期
张文兰:(2005)《信息技术环境下的小学英语教学设计研究》科学出版社
张筱兰:(2004)《信息技术与课程整合的理论与方法》民族出版社
张正东:(1999)《外语立体化教学法的原理与模式》科学出版社
赵建华:(2006)《计算机支持的协作学习》上海教育出版社
赵晓红:(1998)大学英语阅读课教师话语的调查与分析《外语界》第2期
郑树棠,卫乃兴:(1996)关于大学英语课培养语言能力等情况的研究《外语界》第4期
钟启泉:(1999)《现代教师论》上海教育出版社
钟志贤:(2006)《信息化教学模式》北京师范大学出版社
祝智庭:(2002)《现代教育技术——走向信息化教育》教育科学出版社
庄智象:(2004)《全国高校"新理念"大学英语网络教学试点方案》上海外语教育出版社
教育部:(2001)《国家英语课程标准》(实验稿)
教育部高等教育司:(2004)大学英语课程教学要求(试行)上海外语教育出

版社
教育部高等教育司:(2007)大学英语课程教学要求上海外语教育出版社
《辞海》(1995:1378)上海辞书出版社

Abbey, B. (2000) *Instructional and Cognitive Impacts of Web-Based Education*. Idea Group Publishing.

Barrows, H. S. (1985) *How to Design a Problem-Based Curriculum for the Preclinical Years*. New York: Springer.

Bax, S. (2000) Putting Technology in Its Place. In: Field, C. (ed.), *Issues in Modern Foreign Languages Teaching*. Routledge, pp. 208 - 219.

Bax, S. (2003) CALL—Past, Present and Future. *System*, Volume 31, pp. 13 - 28.

Beane, J. A. (1997) *Curriculum Integration: Designing the Core of Democratic Education*. Teachers College Press, Columbia University.

Bork, A. (1987) *Learning with Personal Computers*. New York: Harp & Row.

Brooks, J. G. & Brooks, M. G. (1993) *In Search of Understanding: The Case for Constructivist Classroom*. Alexandria, VA: Association for Supervision and Curriculum Development.

Brown, J. S., Collins, A. & Duguid, P. (1989) Situated Cognition and the Culture of Learning. *Education Researcher*, Volume 18, pp. 32 - 42.

Brunner, J. S. (1960) *The Process of Education*. Cambridge, MA: Harvard University Press.

Burden, P. R. & Byrd, D. M. (1999) *Methods for Effective Teaching*. The United States of America: Allyn & Bacon.

Canale, M. & Swain, M. (1980) Theoretical Basis of Communicative Approaches to Second Language Teaching and Testing. *Applied Linguistics*, Volume 1, pp. 1—47.

Chambers, A. & Bax, S. (2006) Making CALL Work: Towards Normalization. *System*, Volume 34, pp. 465 - 479.

Chapelle, C. A. (2001) *Computer Applications in Second Language*

Acquisition. Cambrideg University Press.

Cohen, A. D. (2000) Strategies in Learning and Using a Second Language. Beijing: Foreign Language Teaching and Research Press.

Cunningsworth, A. (1984) *Evaluating and Selecting EFL Materials*. Heinemann.

Cunningsworth, A. (1995) *Choosing Your Coursebook*. New Zealand: Macmillan Heinemann.

Dewey, J. (1970) *Experience of Education*. New York: Collier.

Edison, D. C., Gordin, D. N. & Pea, R. D. (1999) Addressing the Challenges of Inquiry-Based Learning through Technology and Curriculum Design. *Journal of the Learning Sciences*, 8, pp. 391-450.

Ellis, R. (1994) *The Study of Second Language Acquisition*. Oxford University Press.

Fill, A. & Mühlhäusler, P. (eds.) (2001) *The Ecolinguistics Reader: Language, Ecology and Environment*. London: Continuum.

Gardner, H. (1991) *The Unschooled Mind: How Children Think and How Schools Should Teach*. New York: Basic Books.

Greeno, J., Collins, A. & Resnick, L. (1996) Cognition and Learning. In: R. Calfee & D. Berliner (eds.), *Handbook of Educational Psychology*. New York: Macmillan.

Harmer, J. (2000) *How to Teach English*. Beijing: Foreign Language Teaching and Research Press.

Holliday, A. (1994) *Appropriate Methodology and Social Context*. Cambridge University Press.

Hymes, D. H. (2000) On Communicative Competence. In: Brumfit, C. & Johnson, K. (eds.), *The Communicative Approach to Language Teaching*. Oxford University Press.

Johnson, R. K. (ed.) (1989) *The Second Language Curriculum*. Cambridge University Press.

Johnson, D. W. & Johnson, R. T. (1989) *Cooperation and Competition: Theory and Research*. Edina, MN: International Book Company.

Johnson, D. W. (1997) *Reaching out: Interpersonal Effectiveness and Self-Actualization*. Needham Heights, MA: Allyn and Bacon.

Johnson, D. W. & Johnson, R. T. (1999) *Learning Together and Along: Cooperative, Competitive, and Individualistic Learning*. Massachusetts: Allyn and Bacon.

Jonassen, D. J. (1996) *Handbook of Research for Educational Communication and Technology*. New Jersey: Prentice Hall.

Joyce, B., Weil, M. & Showers, B. (1992) *Models of Teaching*. (4th ed.) Boston: Allyn and Bacon.

Krashen, S. D. (1981) *Second Language Acquisition and Second Language Learning*. Oxford, etc.: Pegamon.

Krashen, S. D. (1982) *Principles and Practice in Second Language Acquisition*. Englewood Cliffs, NJ: Prentice Hall.

Levy, M. and Stockwell, G. (2006) *CALL Dimensions: Options and Issues in Computer-Assisted Language Learning*. Lawrence Erlbaum Associates, Inc.

Lier, L. V. (2004) *The Ecology and Semiotics of Language Learning—A Sociocultural Perspective*. Kluwer Academic Publishers.

Means, B. et al. (1993) Using Technology to Support Education Reform. Documents by U. S. Department of Education.

Morrison, G. R. & Lowther, D. L. (2005) *Integrating Computer Technology into Classroom*. Pearson Education, Inc.

Mühlhäusler, P. (2003) *Language of Environment—Environment of Language*. London: Battlebridge.

Norton, P. & Wiburg, K. M. (1998) *Teaching with Technology*. Harcourt Brace & Company.

Nunan, D. & Bailey, K. (2009) *Exploring Second Language Classroom Research*. Heinle, Cengage Learning.

Stern, H. H. (1983) *Fundamental Concepts of Language Teaching*. Oxford University Press.

Tudor, I. (1993) Teacher Roles in the Learner-Centered Classroom. *ELT*

Journal. 47(1):22-31.

Verhagen, F. C. (1991) *Ecolinguistics: Context, Contours, Constraints, Challenges*. New York: Sociological Energy Services International.

Voller, P. (1997) Does the Teacher Have a Role in Autonomous Learning. *Language Learning*. London: Longman.

Vygotsky, L. (1978) *Mind in Society*. Cambridge, MA: Harvard University Press.

Warschauer M. & Healey D. (1998) Computers and Language Learning: An Overview. *Language Teaching*, pp. 57-71.

Young, M. (1998) *The Curriculum of the Future*. Routledge Falmer Press.

Zaphiris, P. & Zacharia, G. (2006) *User-Centered Computer Aided Language Learning*. Information Science Publishing.